クイズ

THE
音楽

廣川博之

◎ 目次

問題　　第1回〜第21回　・・・・・　P.3〜P.92

資料1　・・・・・・・・・・・・・　P.93〜P.94

参考1　・・・・・・・・・・・・・　P.95〜P.96

解答集　・・・・・・・・・・・・・　P.97〜P.116

　　　1個正解するごとに1点として計算し、
　　　回数ごとに合計して競い合うと楽しいよ

第1回　　氏名：

Q 下記の漢字の間違えを直して下さい。

［１］　「高校三年生」

赤い夕日が後者を染めて　ニレの木陰に弾む声

ああ高校三年生　ぼくら離れ離れになろうとも

クラス中間はいつまでも

解答欄(　　　　　　　　　　　　　　　　　　　)

［２］　「北酒場」

北の酒場通りには　永い髪の女が似合う

ちょっとお人よしがいい　くどかれ上手な法がいい

今矢の恋は　煙草の先に　日をつけてくれた人

解答欄(　　　　　　　　　　　　　　　　　　　)

［３］　「津軽海峡・冬景色」

北へ帰る人の群れは誰も無口で　海成りだけをきいている

私もひとり　連落船に乗り　こごえそうなカモメ見つめ鳴いていました

解答欄(　　　　　　　　　　　　　　　　　　　)

［４］　「卒業写真」

悲しいことがあると　開く皮の標紙　卒業写真のあの人は

優しい芽をしてる　街でみかけた時　何も言えなかった　卒業写真の重影

が　そのままだったから

解答欄(　　　　　　　　　　　　　　)

Q 下記の歌詞の空白に当てはまるものは何でしょうか？

選択肢の中から選んで下さい。

［５］　「リンゴの唄」

赤いリンゴにくちびる寄せて　だまって見ている(　①　)

リンゴは何も言わないけれど　リンゴの気持ちはよくわかる

① 1.白い雲　2.厚い雲　3.高い空　4.青い空

［６］　「あずさ２号」

私にとってあなたは今も　まぶしいひとつの(　①　)なんです

(　②　)ちょうどのあずさ２号で　私は私はあなたから旅立ちます

① 1.思い出　2.宝物　3.宝石　4.青春

② 1.6時　2.7時　3.8時　4.9時

［7］　「3年目の浮気」

3年目の浮気ぐらい大目にみろよ　ひらきなおるその態度が気にいらない
のよ　3年目の浮気ぐらい大目にみてよ　（　①　）あやまったって許してあ
げない

① 　1.お金をくれて　2.両手をついて　3.頭を下げて
　　4.土下座をして

［8］　「だまって俺について来い」

ぜにのないやつぁ俺んとこへこい　俺もないけど心配すんな
みろよ　青い空　白い雲　（　①　）　なんとかなるだろう

① 　1.そのうち　2.いつかは　3.どうにか　4.とにかく

［9］　「お祭りマンボ」

ねじりはちまき　そろいのゆかた　雨が降ろうが（　①　）が降ろうが　朝か
ら晩まで　（　②　）かついで　ワッショイ　ワッショイ　ワッショイ　ワッ
ショイ

① 　1.雪　2.あられ　3.何　4.ヤリ
② 　1.タンスを　2.縁起を　3.カバンを　4.おみこし

［１０］　「せんせい」

淡い初恋　消えた日は　　雨が（　①　）降っていた　傘にかくれて

桟橋で　ひとり見つめて（　②　）

① 　1.チョビチョビ　2.しとしと　3.ざあざあ　4.しんしん

② 　1.たたずんだ　2.うつむいた　3.泣いていた　4.ときめいた

［１１］　「瀬戸の花嫁」

瀬戸は日暮れて夕波小波　　あなたの（　①　）お嫁にゆくの　若いと誰もが

心配するけれど　（　②　）があるから大丈夫なの

① 　1.島へ　2.家へ　3.国へ　4.場所へ

② 　1.お金　2.信念　3.根性　4.愛

［１２］　「亜麻色の髪の乙女」

亜麻色の長い髪を風が（　①　）つつむ　乙女は胸に（　②　）花束を　羽

根のように丘をくだり　やさしい彼のもとへ

明るい歌声は恋をしてるから

① 　1.ふわふわ　2.まとめて　3.やさしく　4.きれいに

② 　1.赤い　2.青い　3.さいた　4.白い

［１３］　「大空と大地の中で」

（　①　）出そう明日の日に　振り返るにはまだ若い　ふきすさぶ北風に　飛ばされぬよう飛ばぬよう　こごえた両手に息をふきかけて　（　②　）体をあたためて

① 　1.走り　2.はじけ　3.笑い　4.歩き

② 　1.こごえた　2.きたえた　3.ふるえた　4.しばれた

［１４］　「太陽がくれた季節」

君は何を今（　①　）の　若い悲しみに濡れたひとみで　逃げてゆく白い鳩　それとも　（　②　）　君も今日からは　ぼくらの仲間　とびだそう青空の下へ

① 　1.思いつめる　2.見つめている　3.気づいている　4.進めている

② 　1.夢　2.恋　3.愛　4.人

第2回	氏名：

Q 　今回はまず <u>１９９４年4月～２０２３年１０月のＤＡＭカラオケ３０年間ランキング</u>の調査をもとに、下記の［1］～［8］について、それぞれの<u>総合の楽曲・総合の歌手</u>が何位に入っているか予想します。それが実際の順位とどれ位かけ離れているか算出し得点を競うゲームとなっています。

どういうふうに得点を出すか詳しく言うと、各番号［　　］について自分が予想した順位から実際の順位を引き絶対値をとった数が、その番号［　　］に対しての点数となります(ex.予想した順位１０位で実際の順位１７位ならば｜１０－１７｜＝7で　7点となります)。

それを［1］～［8］までたします。その数が【1】の得点になります。

・総合の楽曲ランキング(ベスト 30)

	予想した順位	実際の順位
［1］居酒屋———五木ひろし・木の実ナナ	(　　　　)位	位
［2］糸————中島みゆき	(　　　　)位	位
［3］純恋歌———湘南乃風	(　　　　)位	位
［4］シングルベッド———シャ乱 Q	(　　　　)位	位
［5］愛唄———GReeeeN	(　　　　)位	位

8

・総合の歌手別ランキング(ベスト 20)

		予想した順位	実際の順位
［6］	嵐	（　　　）位	位
［7］	B'z	（　　　）位	位
［8］	SMAP	（　　　）位	位

> 答え合わせを終えたらわかる
>
> 【1】の得点　　　点

　　［9］〜［14］は1問正解するごとに1点。その合計が【2】の得点になります。

　　　　　　　・誰の曲

［9］	ドライフラワー	（　　　　　　　　　　）
［10］	Subtitle	（　　　　　　　　　　）
［11］	Lemon	（　　　　　　　　　　）

・今までの持ち歌は何か？（１曲正解するごとに１点）

［１２］ 中島みゆき　　　　　　（　　　　　　　　　　　　） etc

［１３］ 中森明菜　　　　　　　（　　　　　　　　　　　　） etc

［１４］ あいみょん　　　　　　（　　　　　　　　　　　　） etc

答え合わせを終えたらわかる
【2】の得点　　　　点

＊【１】―【２】がその人の持ち点となり得点の低い人の勝ちとなります。

　　　　（ひく）

第3回	氏名：

Q 下記の問題に答えて下さい。2024年8月7日現在(これ以降日付がダブっている場合は各設問ごとの日付を優先させて下さい)。

[1] 歌手になるには資格が必要か？

1.必要 　　　　2.必要ない

[2] 以下の歌手，ミュージシャン，シンガーソングライターを東京大学出身者と京都大学出身者に分けて下さい。

1.長瀬弘樹　2.加藤登紀子　3.グローバー　4.ヒャダイン(前山田健一)
5.Mayu Wakisaka　6.小沢健二　7.佐々木恵梨　8.小椋佳

東京大学出身者 　(　　　), (　　　), (　　　), (　　　)
京都大学出身者 　(　　　), (　　　), (　　　), (　　　)

[3] カラオケは何点から上手いと言えるか？

1.60点　　2.70点　　3.80点　　4.90点

[4] レコード大賞の3連覇は次の中だと誰が成し遂げたか？

1.中森明菜　　2.細川たかし　　3.浜崎あゆみ　　4.氷川きよし

[5] 第３６回レコード大賞 Mr.childrenの楽曲といえば？

1.Tomorrow never knows　2.名もなき詩　3.CROSS ROAD

4.innocent world

[6] 第４６回2004年レコード大賞最優秀新人賞といえば誰？

1.大塚愛　　2.辰巳ゆうと　　3.ジェロ　　4.中島美嘉

[7] 五木ひろしは過去何回レコード大賞を受賞したか？

1.1 回　　2.2 回　　3.3 回　　　4.4 回

[8] 第1回レコード大賞授賞曲「黒い花びら」は誰が歌ったか？

1.菅原洋一　　2.フランク永井　　3.橋幸夫　　4.水原弘

[9] 石川さゆりは何県出身の歌手か？

1.鹿児島県　　2.熊本県　　3.長崎県　　4.山口県

[10] 石川さゆりは（　　　）の門下生ではない。

1.二葉百合子　　2.三橋美智也　　3.三波春夫

［１１］　石川さゆりは犬好きで、現在バンド名にもある飼い犬の
（　①　）を学校によく連れてきたことから、あだ名が
「（　①　）」になったというエピソードがある

解答　①＿＿＿＿＿＿＿＿＿＿＿＿＿

［１２］　石川さゆりは元旦にシングルが発売された枚数は何枚あ
るか？

1.０枚　　2.１枚　　3.２枚　　4.３枚

［１３］　現地の言葉で「跳ねるノミ」という意味の楽器は？

1.チェンバロ　　2.タンバリン　　3.ウクレレ　　4.マリンバ

［１４］　合唱曲で原爆からの長崎の復興をテーマにしたシリーズ
の歌の最終曲は？

1.大地讃頌　　2.長崎の鐘　　3.みんな長崎を愛してる　　4.愛の讃歌

第4回　　氏名：

 曲の歌い始めが「あ」になっている曲名を思いつくだけあげてみよう。

第5回	氏名：

Q 下記の問題に答えて下さい。（２０２４年８月７日現在）

[１] 以下の歌手，ミュージシャン，シンガーソングライターを
早稲田大学出身者と慶応義塾大学出身者に分けて下さい。

1.一青窈　　2.クミコ　　3.石原裕次郎　　4.森繁久彌
5.櫻井翔　　6.中村雅俊　　7.東海林太郎　　8.サンプラザ中野くん

早稲田大学出身者　　（　　），（　　），（　　），（　　）

慶応義塾大学出身者　　（　　），（　　），（　　），（　　）

[２] JOYSOUND とDAM どっちが曲多い？

1.JOYSOUND　　　2.DAM

[３] JOYSOUND とDAM どちらの方が原曲に忠実か？

２０２４年１月２３日現在

1.JOYSOUND　　　2.DAM

[４] (株)第一興商が開発・運用する通信カラオケシステムはど
ちらか？

1.JOYSOUND　　　2.DAM

15

［5］　夜、恋人の窓の下で歌ったり奏したりする音楽のことをなんというか？

1.セレナーデ　　2.ラプソディ　　3.セレブレイト　　4.サイコビリー

［6］　マウリツィオ・カーゲルによる「ティンパニとオーケストラのための協奏曲」、演奏の最後には驚きの演出が、それは一体なに？

1.指揮者が倒れる　2.ティンパニ奏者が踊る　3.ティンパニを壊す

4.指揮者がティンパニ奏者となりだした

［7］　次のうち藤山一郎が歌った曲は？

1.長崎物語　　2.長崎ブルース　　3.長崎の鐘　　4.長崎音頭

［8］　日本人が作曲したのは次のうちどれ？

1.メヌエット　　2.エリーゼのために　　3.きらきら星　　4.野ばら

［9］　わらべ歌「ずいずいずっころばし」にでてくる四つ足の動物は？

1.ねずみ　　2.たぬき　　3.ねこ　　4.きつね

［10］　歌「赤とんぼ」でねえやはいくつで嫁にゆく？

1.12　　2.14　　3.15　　4.19

［１１］　米津玄師の身長はどれくらいか？

1.158cm　　2.168cm　　3.178cm　　4.188cm

［１２］　「スウィングガールズ」などの映画の題名にもなっているスウィングだが主にどのジャンルの曲で使われる？

1.レゲエ　　2.ロック　　3.ジャズ　　4.ボサノバ

［１３］　実在する曲はどれ？

1.猫の二重唱　　2.カエルの五重唱　　3.コオロギの三重唱

4.犬の四重唱

［１４］　管楽器の中で一番音域の広い楽器といえば？

1.クラリネット　　2.フルート　　3.トランペット　　4.ホルン

［１５］　アフリカの民族楽器であるカリンバ、別名は？

1.手の平ピアノ　　2.さえずりピアノ　　3.やまびこピアノ

4.親指ピアノ

第6回	氏名：

Q 下記の歌詞の空白に当てはまるものは何でしょうか？

選択肢の中から選んで下さい。

［1］　「三百六十五歩のマーチ」

人生はワン・ツー・パンチ　汗かきべそかき歩こうよ

あなたのつけた（　①　）にゃ　（　②　）花が咲くでしょう

①	1.手のあと	2.足あと	3.足音	4.手の音
②	1.みごとな	2.大きな	3.すてきな	4.きれいな

［2］　「赤いスイートピー」

I will follow you　あなたについてゆきたい　I will follow you（　①　）

気が弱いけど（　②　）な人だから

①	1.やっぱり	2.とっても	3.ちょっぴり	4.すっかり
②	1.素敵	2.大好き	3.元気	4.真面目

［3］　「鳥取砂丘」

失くした後で（　①　）知った　あなたの愛の大きさを

鳥取砂丘の道は（　②　）　ひとりで生きて行けるでしょうか

①	1.やっぱり	2.つくづく	3.しみじみ	4.泣く泣く
②	1.荒野道	2.迷い道	3.同じ道	4.吹雪道

18

［４］　「さざんかの宿」

くもりガラスを手で拭いて　あなた明日が見えますか　愛しても愛しても

ああ他(ひと)の妻　赤く咲いても（　①　）の花　咲いてさびしい　さざんか

の宿

① 　1.俺　　2.恋　　3.冬　　4.雪

Ⓠ 　下記の問題に答えて下さい。（２０２４年８月７日現在）

［５］　数多くの作詞・作曲を手掛け原譲二というペンネームを持

　　　　つ大型演歌歌手は誰？

1.前川清　　　2.北島三郎　　　3.吉幾三　　　4.細川たかし

［６］　真田ナオキを弟子に持ち青森県五所川原市出身の大型演歌

　　　　歌手は誰？

1.細川たかし　　　2.五木ひろし　　　3.北島三郎　　　4.吉幾三

［７］　石川さゆりの「津軽海峡冬景色」やピンクレディーの

　　　　「UFO」など数々の大ヒット曲を世に送り出してきた作詞

　　　　家は誰？

1.阿久悠　　　2.三木たかし　　　3.筒美京平　　　4.平尾昌晃

［８］　ピンクレディーの「UFO」を作曲し 2023 年の紅白歌合戦
　　　では「蛍の光」を指揮した作曲家は誰？

1.都倉俊一　　2.平尾昌晃　　3.三木たかし　　4.藤山一郎

［９］　しりとりで①（　　　　）にわかるだけ当てはめて下さい

　　　『歌手名』＊1 人につき 3 点

　　　　　　五木ひろし⇒（　　①　　）⇒八代亜紀

　　　①（　　　　　　　　　　　　　　　　　　　　）

［１０］　しりとりで②（　　　）にわかるだけ当てはめて下さい

　　　『歌手名』＊1 人につき 1 点

　　　　　　松田聖子⇒（　　②　　）⇒小林旭

　　　②（　　　　　　　　　　　　　　　　　　　　）

［１１］　しりとりで③（　　　）にわかるだけ当てはめて下さい

　　　『曲名』＊1 曲につき 2 点

　　　　　　神田川⇒（　　③　　）⇒北国の春

　　　③（　　　　　　　　　　　　　　　　　　　　）

［１２］　しりとりで④(　　　)にわかるだけ当てはめて下さい

『曲名』＊１曲につき２点

雪国(に)⇒(　　④　　)⇒静かな湖畔(し)

④(　　　　　　　　　　　　　　　　　　)

［１３］　⑤(　　)の中に歌手名をわかるだけ当てはめて下さい

＊１人につき２点

都はるみ⇒伍代夏子⇒八代亜紀⇒(　　⑤　　)

⑤(　　　　　　　　　　　　　　　　　　)

注１）　［９］〜［１２］のしりとりは濁点を付けても可

注２）　［９］［１０］［１３］の歌手名はミュージシャン，シンガーソング
　　　　ライター，グループ名も含む。また以前そうだった人も可

第7回　氏名：

 以下は3つのヒントで曲名を当てる問題です。

この問題は1つ目のヒント(1枚目に配った用紙)でわかった人は、解答欄に①と答えを書き、わからなければ解答欄を空欄にして下さい。

1つ目と2つ目のヒント(1枚目と2枚目に配った用紙)でわかった人は解答欄に②と答えを書き、わからなければ解答欄を空欄にして下さい。

1つ目と2つ目と3つ目のヒント(1枚目と2枚目と3枚目に配った用紙)でわかった人は、解答欄に③と答えを書き、わからなければ解答欄を空欄にして下さい。

*すなわち1つの曲名を当てるのに3枚の用紙が配られ、その3枚のいずれか1枚の解答欄に①か②か③のどれかと答えが書かれているか、空欄になっているかです。答えの書き直しはダメです。

①で正解すれば5点

②で正解すれば3点

③で正解すれば1点

不正解の場合は0点　です。

これ以降こういう問題が出た場合はすべてこの形式です。

またこれ以降3つのヒントで人名(グループ名)を当てる問題も出てきますがすべてこの形式です。

さあそれでは問題を解いていきましょう。

1つ目のヒント

[1]　別名はスキヤキ　　　　　　解答欄（　　　　　）

[2]　終戦直後の定番ソング　　　解答欄（　　　　　）

[3]　冬景色　　　　　　　　　　解答欄（　　　　　）

[4]　北島三郎　　　　　　　　　解答欄（　　　　　）

[5]　秋元康　作詞　　　　　　　解答欄（　　　　　）

2つ目のヒント

[1]　坂本九　　　　　　　　　　解答欄（　　　　　）

[2]　唇よせる　　　　　　　　　解答欄（　　　　　）

[3]　石川さゆり　　　　　　　　解答欄（　　　　　）

[4]　これが日本の○○だよ　　　解答欄（　　　　　）

[5]　不死鳥　　　　　　　　　　解答欄（　　　　　）

3つ目のヒント

[1]　どこを向いて歩こう？　　　解答欄（　　　　　）

[2]　青い空　　　　　　　　　　解答欄（　　　　　）

［３］　竜飛岬　　　　　　　　　　　　　　解答欄（　　　　　）

［４］　山と海の神　　　　　　　　　　　解答欄（　　　　　）

［５］　人生を川に例えています　　　　　解答欄（　　　　　）

Q 以下は（　　　　　）に答えを書いて下さい。

［６］　♩　　　　　　　　　　　　　　音符の名前（　　　　　）

［７］　𝄽　　　　　　　　　　　　　　休符の名前（　　　　　）

［８］　▬　　　　　　　　　　　　　　休符の名前（　　　　　）

［９］　▬　　　　　　　　　　　　　　休符の名前（　　　　　）

［１０］　𝄾　　　　　　　　　　　　　休符の名前（　　　　　）

［１１］　♩ ＋ ♪ ＝　　　　　　　　　音符を書く（　　　　　）

［１２］　♩ ＋ ♩ ＝　　　　　　　　　音符を書く（　　　　　）

［１３］　♩ ＋ ♩. ＝　　　　　　　　音符を書く（　　　　　）

Q 以下の速度の記号はどういう意味か選んで下さい。

［１４］　Andante(アンダンテ)　　　　　　　（　　　　　　　　）

［１５］　Lento(レント)　　　　　　　　　　（　　　　　　　　）

［１６］　Moderato(モデラート)　　　　　　（　　　　　　　　）

［１７］　Largo(ラルゴ)　　　　　　　　　　（　　　　　　　　）

［１８］　Adagio(アダージョ)　　　　　　　（　　　　　　　　）

　　　　　※　（　　　　）内は読み方

＜選択肢＞

①幅広く♩＝40〜50　　　　　　　②ゆるやかに♩＝50〜56

③ゆっくりと♩＝56〜63　　　　　④歩くような速さで♩＝63〜76

⑤控えめなスピードで♩＝76〜96

『目安となるテンポの数値は楽典によって異なる』

＊参考：♩＝120 とは４分音符を１分間に１２０回数える速さという意味

第8回	氏名:

Q 以下の速度の記号はどういう意味か選んで下さい。

［1］　Allegretto(アレグレット)　　　　　　　　　（　　　　　　　）

［2］　Allegro(アレグロ)　　　　　　　　　　　　（　　　　　　　）

［3］　Prestissimo(プレスティッシモ)　　　　　　（　　　　　　　）

［4］　Vivace(ヴィヴァーチェ)　　　　　　　　　（　　　　　　　）

［5］　Presto(プレスト)　　　　　　　　　　　　（　　　　　　　）

　　　　※　（　　　　）内は読み方

＜選択肢＞

①やや快速に♩＝96〜120　　　　　②快速に♩＝120〜152

③活発に♩＝152〜176　　　　　　④急いだスピードで♩＝176〜192

⑤極めて速く♩＝192〜208

『目安となるテンポの数値は楽典によって異なる』

26

以下は3つのヒントで人名(グループ名)を当てる問題です。

1つ目のヒント

［6］　高校卒業後、梅干し会社に勤務経験あり

解答欄(　　　　　　　　　　　)

［7］　女性演歌歌手でカメラでの写真撮影が趣味

解答欄(　　　　　　　　　　　)

［8］　秋田県出身の女性演歌歌手

解答欄(　　　　　　　　　　　)

［9］　大阪府出身の女性演歌歌手でNHK紅白歌合戦に19回出場している(2024年8月現在)

解答欄(　　　　　　　　　　　)

2つ目のヒント

［6］　約2年間、作曲家作詞家である猪俣公章の内弟子となる

解答欄(　　　　　　　　　　　)

［7］ 1990 年「忍ぶ雨」が大ヒットし同曲で NHK 紅白歌合戦に初出場

解答欄(　　　　　　　　　)

［8］ 60 歳でグラビア写真集をだす

解答欄(　　　　　　　　　)

［9］ 「最近どう？」というYou Tube チャンネルの番組に吉幾三・山本譲二と共に出演している

解答欄(　　　　　　　　　)

3つ目のヒント

［6］ カバーアルバム「Love Songs〜また君に恋してる〜」ではカバー元のビリーバンバンとデュエットを果たしている

解答欄(　　　　　　　　　)

［7］ 夫は杉良太郎（２０２４年６月１日現在)

解答欄(　　　　　　　　　)

[8] 自ら作詞・作曲も行い小野彩(このさい)というペンネームを使っている（２０２４年７月３日現在）

解答欄(   )

[9] 1993 年「無言坂」で第 35 回日本レコード大賞を受賞

解答欄(   )

Q 下記の問題に答えて下さい。

［１０］ 三羽からすとは次の４人のうちどの３人か？

1.春日八郎 　　2.三波春夫 　　3.村田英雄 　　4.三橋美智也

［１１］ 三人娘とは次の４人のうちどの３人か？

1.菅原都々子 　　2.美空ひばり 　　3.江利チエミ 　　4.雪村いづみ

［１２］ ロカビリー三人男とは次の４人のうちどの３人か？

1.山下敬二郎 　　2.ミッキーカーチス 　　3.小林旭 　　4.平尾昌晃

［１３］ 御三家とは次の４人のうちどの３人か？

1.橋幸夫 　　2.西郷輝彦 　　3.舟木一夫 　　4.三田明

[14] スパーク三人娘とは次の４人のうちどの３人か？

1.園まり　　2.中尾ミエ　　3.奥村チヨ　　4.伊東ゆかり

[15] 右の絵は次のうち誰の似顔絵か？

1.ベートーヴェン　2.モーツァルト

3.チャイコフスキー　4.ムソルグスキー

[16] 皆川おさむが歌った大ヒット曲は次のどれか？

1.黒猫のダンス　2.黒猫のワルツ　3.黒猫のタンゴ　4.黒猫のサンバ

[17] 森あきよが歌った上の曲の日本初のアンサーソングは
次のうちどれか？

1.黒猫のゴーゴー　2.シャム猫のゴーゴー　3.どらねこのゴーゴー

4.のらねこのゴーゴー

第9回　氏名：

 下記の問題に答えて下さい。

[1]　新三人娘とは次の4人のうちどの3人か？
1.南沙織　　2.麻丘めぐみ　　3.天地真理　　4.小柳ルミ子

[2]　新御三家とは次の4人のうちどの3人か？
1.布施明　　2.野口五郎　　3.西城秀樹　　4.郷ひろみ

[3]　花の中三トリオとは次の4人のうちどの3人か？
1.森昌子　　2.桜田淳子　　3.アグネス・チャン　　4.山口百恵

[4]　たのきんトリオとは次の4人のうちどの3人か？
1.近藤真彦　　2.野々村真　　3.野村義男　　4.田原俊彦

Q 以下の速度変化の記号はどういう意味か選んで下さい。

［5］　ritenuto(riten.)（リテヌート）　　　　　　　（　　　　　）

［6］　ritardando(rit.)（リタルダンド）　　　　　　（　　　　　）

［7］　smorzando(smorz.)（スモルツァンド）　　　（　　　　　）

［8］　rallentando(rall.)（ラレンタンド）　　　　　（　　　　　）

［9］　meno mosso（メノ モッソ）　　　　　　　（　　　　　）

※　（　　　）内は読み方

＜選択肢＞

①だんだんゆるやかに　　　　　　②だんだん遅く

③急に速度をゆるめる　　　　　　④よりゆるやかに

⑤次第に遅くそして弱く

32

Q 以下の曲の歌詞の空白に入る言葉は対義語になっています。それを書いて下さい。

［１０］　「浪花節だよ人生は」

飲めと言われて　素直に飲んだ　肩を抱かれて　その気になった
（　①　）な出逢いが　（　①'　）に化けて　よせばいいのに　一目惚れ
浪花節だよ　女の女の人生は

解答欄　①(　　　　　　　　)，①'(　　　　　　　)

［１１］　「命くれない」　瀬川瑛子

（　①　）前から　結ばれていた　そんな気がする　紅の糸　だから（　①'　）
まで　ふたりは一緒　「あなた」「おまえ」　夫婦(みょうと)みち
命くれない　命くれない　ふたりづれ　　＊　中　略
なんにもいらない　あなたがいれば　笑顔ひとつで　生きられる
（　②　）日（　②'　）日　花咲く日まで　「あなた」「おまえ」　手をかさね
命くれない　命くれない　ふたりづれ

解答欄　①(　　　　　　　　)，①'(　　　　　　　)
　　　　②(　　　　　　　　)，②'(　　　　　　　)

［１２］　「迷い道」　渡辺真知子

現在・（　①　）・（　①'　）　あの人に逢ったなら　わたしはいつまでも待っ
てると誰か伝えて　まるで喜劇じゃないの　ひとりでいい気になって

33

冷めかけたあの人に　意地をはってたなんて　ひとつ曲がり角　ひとつ間
違えて　迷い道くねくね

解答欄　①(　　　　　　　), ①'(　　　　　　　)

［１３］　「男の子女の子」　郷ひろみ

(　①　)たち(　②　)の子　(　①'　)たち(　②'　)の子

ヘイヘイヘイ　ヘイヘイヘイ　おいで遊ぼう　僕らの世界へ　走って行こう
幸せさがすのは　まかせてほしいのさ

ヘイヘイヘイ　ヘイヘイヘイ　夢があふれる　一度の人生　だいじな時間

解答欄　①(　　　　　　　), ①'(　　　　　　)
②(　　　　　　　), ②'(　　　　　　)

［１４］　「かけめぐる青春」　ビューティ・ペア

踏まれても　汚れても　野に咲く白い花が好き　嵐にも　耐えてきたリング
に　開く花ふたつ　(　①　)から(　①'　)へ　(　①'　)から(　①　)へ
送る言葉は　悔いのない青春　かけめぐる青春

ビューティ・ビューティ　ビューティ・ペア

ビューティ・ビューティ　ビューティ・ペア

解答欄　①(　　　　　　　), ①'(　　　　　　)

［１５］　「君をのせて」(天空の城ラピュタ)

さあでかけよう　ひときれのパン　ナイフ　ランプ　かばんにつめこんで

（　①　）さんが残した　熱い想い　（　①'　）さんがくれた　あのまなざし
地球はまわる　君をかくして　輝く瞳　きらめく　ともしび　地球はまわる
君をのせて　いつかきっと出会う　ぼくらをのせて

解答欄　　①(　　　　　　　　)，①'(　　　　　　　　)

［１６］　「わたしの彼は左きき」　麻丘めぐみ

あふれる泪を　ぬぐうのもぬぐうのも　やさしく小指を　つなぐのもつなぐ
のも　いつでもいつでも彼は(　①　)きき　あなたに合わせて　みたいけど
私は(　①'　)ききすれ違い　意地悪　意地悪なの　別れた片手を　振る時も
振る時も　横眼で時計を　見る時も見る時も　私の私の彼は　左きき

解答欄　　①(　　　　　　　　)，①'(　　　　　　　　)

［１７］　「柔」　美空ひばり

（　①　）つと思うな　思えば（　①'　）けよ　負けてもともと　この胸の
奥に生きてる　柔の夢が　一生一度を　一生一度を　待っている

解答欄　　①(　　　　　　　　)，①'(　　　　　　　　)

［１８］　「天才バカボン」

（　①　）から昇ったおひさまが　（　①'　）へ沈む(あっ　たいへん!)
これでいいのだ　これでいいのだ　ボンボン　バカボン　バカボンボン
天才一家だ　バカボンボン

解答欄　　①(　　　　　　　　)，①'(　　　　　　　　)

35

第10回　氏名：

Q 以下の速度変化の記号はどういう意味か選んで下さい。

[1]　accelerand(accel.)(アッチェレランド)　　　　　（　　　　　）

[2]　più mosso(ピウモッソ)　　　　　　　　　　　（　　　　　）

[3]　tempo primo(Tempo I)(テンポ　プリモ)　　　　（　　　　　）

[4]　a tempo(ア　テンポ)　　　　　　　　　　　　（　　　　　）

※　（　　　）内は読み方

<選択肢>

①次第にはやく　　　　②もとのはやさで

③速度をはやめて　　　④最初のはやさで

*［5］　以上の記号は何語か選んで下さい

1.ドイツ語　　2.英語　　3.イタリア語　　4.フランス語

 下記の問題に答えて下さい。

[6] 右の絵は次のうち誰の似顔絵か？

1.ベートーヴェン　2.モーツァルト
3.ヴィヴァルディ　4.バッハ

[7] ベートーヴェンの 交響曲第9番「合唱」第4楽章よりは別名何と呼ばれるか？

1.楽しみの歌　2.喜びの歌　3.悲しみの歌　4.驚きの歌

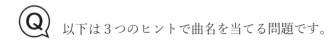 以下は3つのヒントで曲名を当てる問題です。

1つ目のヒント

[8]　ビリーバンバンのお酒のCMで有名　解答欄(　　　　　)

[9]　雨燦燦　　　　　　　　　　　　解答欄(　　　　　)

[10]　雪割桜　　　　　　　　　　　　解答欄(　　　　　)

[11]　橋幸夫と吉永小百合のデュエット　解答欄(　　　　　)

[12]　坂本九　　　　　　　　　　　　解答欄(　　　　　)

2つ目のヒント

[8]　　坂本冬美もカバー　　　　　　解答欄（　　　　　　　）

[9]　　風散々　　　　　　　　　　　解答欄（　　　　　　　）

[10]　　バラ色雲へ　　　　　　　　解答欄（　　　　　　　）

[11]　　同じ名前の映画がある　　　解答欄（　　　　　　　）

[12]　　夜空には何がある？　　　　解答欄（　　　　　　　）

3つ目のヒント

[8]　　君に恋してる　　　　　　　　解答欄（　　　　　　　）

[9]　　美空ひばり　　　　　　　　　解答欄（　　　　　　　）

[10]　　みどりの谷へ　　　　　　　解答欄（　　　　　　　）

[11]　　レコード大賞受賞曲　　　　解答欄（　　　　　　　）

[12]　　ささやかな幸せを歌ってる　解答欄（　　　　　　　）

Q 以下は<u>ある曲の歌詞の最初の一部分</u>です。曲名を書いて下さい。

［13］　春高楼の花の宴　めぐる盃かげさして　千代の松が枝わけいでし　むかしの光いまいずこ

解答欄(　　　　　　　　　　)

［14］　あの娘どこにいるのやら　星空のつづくあの町あたりか　細い風の口笛が　恋の傷あとにしみる

解答欄(　　　　　　　　　　)

［15］　No.1にならなくてもいい　もともと特別な Only one　花屋の店先に並んだ　いろんな花を見ていた　ひとそれぞれ好みはあるけどどれもみんなきれいだね

解答欄(　　　　　　　　　　)

［16］　たとえば君が傷ついて　くじけそうになった時は　必ず僕がそばにいて　ささえてあげるよ　そのかたを

解答欄(　　　　　　　　　　)

39

第11回　氏名：

 ある曲の歌詞を最初の一部分読んでいきますので曲名を書いて下さい。

　　読む人：　資料1<<p.93,94>> 参照　（2回繰り返し読んで下さい）

［1］　　（　　　　　　　　　　　　　　　　　　　　　　　　　）

［2］　　（　　　　　　　　　　　　　　　　　　　　　　　　　）

［3］　　（　　　　　　　　　　　　　　　　　　　　　　　　　）

［4］　　（　　　　　　　　　　　　　　　　　　　　　　　　　）

［5］　　（　　　　　　　　　　　　　　　　　　　　　　　　　）

［6］　　（　　　　　　　　　　　　　　　　　　　　　　　　　）

［7］　　（　　　　　　　　　　　　　　　　　　　　　　　　　）

[8]　　（　　　　　　　　　　　　　　　　　　　）

[9]　　（　　　　　　　　　　　　　　　　　　　）

[10]　　（　　　　　　　　　　　　　　　　　　　）

[11]　　（　　　　　　　　　　　　　　　　　　　）

[12]　　（　　　　　　　　　　　　　　　　　　　）

[13]　　（　　　　　　　　　　　　　　　　　　　）

[14]　　（　　　　　　　　　　　　　　　　　　　）

[15]　　（　　　　　　　　　　　　　　　　　　　）

第12回　氏名：

Q 以下は３つのヒントで人名(グループ名)を当てる問題です。

１つ目のヒント

[1]　現在テレビ東京　日曜日 AM５:３０〜AM６:００歌謡番組の司会を
　　　担当（２０２４年８月現在）

解答欄(　　　　　　　　　　)

[2]　船村徹 門下出身

解答欄(　　　　　　　　　　)

[3]　２０１２年 ６月に第２５回 日本民謡フェスティバルでグランプリ
　　　を受賞

解答欄(　　　　　　　　　　)

[4]　長崎県出身で長男は歌手で俳優 次女は歌手（２０２４年 ８月現在）

解答欄(　　　　　　　　　　)

2つ目のヒント

[1]　2003年 6月 25日発売された「じょんから女節」では三味線の立ち弾きを見せロングヒット曲となった

解答欄(　　　　　　　　　　　)

[2]　5年間 遠洋漁船の船員としてパナマやインド洋までマグロやカツオの捕獲に従事

解答欄(　　　　　　　　　　　)

[3]　岩手県出身の男性演歌歌手

解答欄(　　　　　　　　　　　)

[4]　欽ちゃんとの共演でお笑いの才能も広く認められるようになった

解答欄(　　　　　　　　　　　)

3つ目のヒント

［1］　アイドル歌手から演歌歌手に転身し 1995 年に「捨てられて」をリリース

解答欄（　　　　　　　　　　）

［2］　山川豊の実兄

解答欄（　　　　　　　　　　）

［3］　２０１２年 １０月にキングレコードから「南部蝉しぐれ」でシングルデビューを果たす

解答欄（　　　　　　　　　　）

［4］　1971 年に藤圭子と結婚 翌年に離婚

解答欄（　　　　　　　　　　）

Q 以下の速度変化の記号はどういう意味か選んで下さい。

［5］　molto(モルト)　　　　　　　　　解答欄(　　　　　)

［6］　più(f)（ピウ(フォルテ)）　　　　解答欄(　　　　　)

［7］　poco a poco(ポコ　ア　ポコ)　　解答欄(　　　　　)

［8］　poco(ポコ)　　　　　　　　　　解答欄(　　　　　)

　　　　※（　　）内は読み方

<選択肢>
① すこし　②すこしずつ　③一層(さらに)(強く)　④非常に(大層)

Q 以下は(　　　)に答えを書いて下さい。

［9］ ♪♪♪ の見た目をわかりやすく書くとどうなるか？（　　　　　）

［10］ 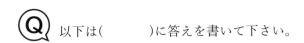 はどういうふうに読むか？　（　　　）拍(　　　)連符

［11］ 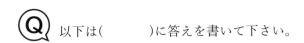 は(　　　　) 拍を(　　　　　)分割した長さ

［１２］５連符，７連符，１１連符は存在するか？　　（　　　　　　）

［１３］♪♪♪♩ 左のような表記は可能か？　　（　　　　　　）

［１４］ 左の和音のコードネームは？　　（　　　　　　）

［１５］ 左の五線譜で作られた曲が<u>短調</u>だった場合、

何<u>短調</u>になるか？　　（　　　　　　）

［１６］　　下記の童謡のうち<u>短調</u>のものはどれか？

1.小さい秋見つけた　2.ジングルベル　3.ドナドナ　4.夏の思い出

5.茶摘み　6.雪山讃歌　7.春の小川　8.どんぐりころころ

第13回	氏名：

Q 以下の曲の歌詞はすべて植物名が入っています。

歌詞の空白に入る言葉を選んで下さい。

［1］ 「秋桜(コスモス)」 山口百恵

（ ① ）秋桜が秋の日の　何気ない（ ② ）に揺れている　此頃涙もろくなった（ ③ ）が　庭先でひとつ咳をする

① 　1.真白な　2.紫の　3.淡紅の　4.桃色の

② 　1.ひだまり　2.たそがれ　3.こもれび　4.かがりび

③ 　1.父　2.母　3.兄　4.姉

［2］ 「サボテンの花」 財津和夫

想い出つまったこの（ ① ）を　僕もでてゆこう　ドアにかぎをおろした時なぜか涙が（ ② ）　君が育てたサボテンは（ ③ ）花をつくった　春はもうすぐそこまで　恋は今終わった

① 　1.土地　2.家　3.街　4.部屋

② 　1.あふれた　2.こぼれた　3.途切れた　4.止まった

③ 　1.大きな　2.小さな　3.きれいな　4.すてきな

47

［3］　「マリーゴールド」　あいみょん

麦わらの帽子の君が　（　①　）マリーゴールドに似てる　あれは（　②　）が
まだ青い夏のこと　懐かしいと（　③　）あの日の恋

① 　1.咲いた　2.伸びた　3.揺れた　4.並ぶ

② 　1.空　2.天　3.雲　4.色

③ 　1.思えた　2.感じた　3.震えた　4.笑えた

［4］　「ハナミズキ」　一青窈

空を（　①　）上げて　手を伸ばす君　五月のこと　どうか来てほしい
（　②　）まで来てほしい　（　③　）をあげよう　庭のハナミズキ

① 　1.持ち　2.かき　3.押し　4.引き

② 　1.身のそば　2.水際　3.このそば　4.山際

③ 　1.つぼみ　2.花実　3.気持ち　4.日差し

［5］　「あなた」　小坂明子

もしも私が家を建てたなら　小さな家を建てたでしょう　大きな（　①　）
と　小さな（　②　）と　部屋には古い（　③　）があるのよ真赤なバラと白
いパンジー（　④　）のよこにはあなた　あなた　あなたがいてほしい

① 　1.ソファ　2.窓　3.ドアー　4.風呂

② 　1.ベッド　2.椅子　3.ドアー　4.鏡

③ 　1.暖炉　2.時計　3.楽器　4.ラジオ

④ 　1.子猫　2.小鳥　3.仔馬　4.子犬

［6］　「島唄」　THE BOOM

でいごの花が咲き　（　①　）を呼び（　②　）が来た

でいごが咲き乱れ　（　①　）を呼び（　②　）が来た　くり返す悲しみは

島渡る波のよう

①　1.風　2.雨　3.晴れ　4.神

②　1.ふぶき　2.嵐　3.明かり　4.日差し

Ⓠ　以下の花言葉を選択肢より選んで下さい。

［7］　　コスモス　　　　　　　　　　　（　　　　　　　）

［8］　　サボテン　　　　　　　　　　　（　　　　　　　）

［9］　　マリーゴールド　　　　　　　　（　　　　　　　）

［10］　　ハナミズキ　　　　　　　　　（　　　　　　　）

［11］　　パンジー　　　　　　　　　　（　　　　　　　）

［12］　　デイゴ　　　　　　　　　　　（　　　　　　　）

＜選択肢＞

①「もの思い」「私を思って」

②「愛」「生命力」「活力」

③「枯れない愛」「情熱」「燃える心」

④「乙女の真心」「調和」「謙虚」

⑤「返礼」「永続性」「思いを受け取って下さい」

⑥「勇者」「変わらぬ愛」

Q ［1］〜［6］の歌詞のうち通しで1番多く植物名が出てきた曲は
どれでしょうか？

同じ植物名が複数出てきた場合でも出てきた分だけ回数に含めて
下さい。

［13］　　　（　　　　　　　）

＊参考1 <<p.95,96>>

第14回	氏名：

Q 以下の強弱・演奏上の記号はどういう意味か選択肢の中から選んで下さい。

[1] （slar:スラー）　　　　　　　　　　　（　　　　　）

[2] legato(レガート)　　　　　　　　　　　（　　　　　）

[3] （tenuto(ten.):テヌート）　　　　　　　（　　　　　）

[4] （staccato(stacc.):スタッカート）　　　（　　　　　）

[5] sfz(sforzando:スフォルツァンド)　　　　（　　　　　）

[6] sfp(sforzando piano:スフォルツァンド・ピアノ)　　（　　　　　）

　　　※　（　　　）内は読み方

＜選択肢＞

①特にその音を強く	②その音を特に強くしてすぐに弱くする
③短く切って	④充分に音をのばして
⑤各音を滑らかにつづけて	⑥切れ目なく滑らかに演奏すること

Q 　以下は3つのヒントで曲名を当てる問題です。今回は曲名に「夏」が入っている特集です。また以前とは違って下記の選択肢の中から選ぶ形式になっています。

注意）解答欄に今までのように①，②，③のいずれかを書くのを忘れないで下さい。

<選択肢>

1.真夏の果実　2.夏祭り　3.真夏の夜の夢　4.夏の日の1993　5.夏色

1つ目のヒント

［7］　ヒットの要因としては有線放送などでリクエストが殺到したことが挙げられる

解答欄（　　　　　　　　　　　）

［8］　この楽曲で第51回 NHK 紅白歌合戦に出場

解答欄（　　　　　　　　　　　）

［9］　2018年にオリコンが調査した、平成に発売した好きな夏ソングをアンケートした結果2位にランクインした

解答欄（　　　　　　　　　　　）

［１０］　シングルでミリオンセラーとなった曲

解答欄（　　　　　　　　　　）

［１１］　ライブでは演奏終了後に観客の「もう１回！」という掛け声と共にサビ部分を再度繰り返して演奏される（２０２４年８月６日現在）

解答欄（　　　　　　　　　　）

2つ目のヒント

［７］　初出アルバムは「Mello Prism」

解答欄（　　　　　　　　　　）

［８］　1st アルバム「(初)」の中に収録されており、そのアルバムは初登場でオリコン３位にチャートイン

解答欄（　　　　　　　　　　）

［９］　俳人・エッセイストの夏井いつきは「マイナス 100 度の太陽みたいに」という比喩表現に鳥肌が立ったことを述べている

解答欄（　　　　　　　　　　）

［１０］　TBS 系ドラマ『誰にも言えない』の主題歌

解答欄(　　　　　　　　　　　　　　)

［１１］　この曲が収録されているシングルの B 面に「大バカ者」「贈る詩」
　　　　　が入っている

解答欄(　　　　　　　　　　　　　　)

3つ目のヒント

［７］　2008 年にアンサーソングとして「冬の日の 2009」がリリース

解答欄(　　　　　　　　　　　　　　)

［８］　5 人組ガールズバンドによって歌われたカバー曲

解答欄(　　　　　　　　　　　　　　)

［９］　映画『稲村ジェーン』主題歌

解答欄(　　　　　　　　　　　　　　)

［１０］　初出アルバムは「U−miz」

解答欄(　　　　　　　　　　　　　　)

[１１]　「この長い長い下り坂を〜」から疾走感がどんどん増すのに突然
　　　　「ゆっくり〜ゆっくり〜」とブレーキを握る歌詞になるのはそれ
　　　　だけ急な坂だから

　　　　　　　　　　　　　　解答欄(　　　　　　　　　　　　　)

以下の問題の解答を選んで下さい。

[１２]　新御三家のうちデビューが一番早かったのは誰か？

１.郷ひろみ　　　２.西城秀樹　　　３.野口五郎

[１３]　新御三家のうち「博多みれん」という曲でデビューした
　　　　のは誰か？

１.郷ひろみ　　２.西城秀樹　　　３.野口五郎

[１４]　新御三家のうちシングルの種類が一番多いのは誰か？
　　　　（２０２４年８月６日現在）

１.郷ひろみ　　２.西城秀樹　　　３.野口五郎

[１５]　新御三家のうちシングルの元旦発売をしたことがないの
　　　　は誰か？　（２０２４年　８月現在）

１.郷ひろみ　　２.西城秀樹　　　３.野口五郎

[１６]　次のうち存在する山はどれか？

1.郷ひろみ岳　　　2.西城秀樹岳　　　3.野口五郎岳

[１７]　次のうち日本レコード大賞の大賞を受賞したことがある

のは誰か？　（２０２３年現在）

1.郷ひろみ　　　2.西城秀樹　　　3.野口五郎　　　4.布施明

[１８]　次のうち日本レコード大賞の視聴率が一番高かったのは

何年か？

1.1967 年　　　2.1977 年　　　3.1987 年　　　4.1997 年

[１９]　その時の視聴率は何％か？

1.30.8%　　　2.40.8%　　　3.50.8%　　　4.60.8%

[２０]　その時の大賞の受賞曲と歌手名はどれか？

受賞曲　　1.「ブルー・シャトウ」　　　2.「勝手にしやがれ」

　　　　　3.「愚か者」　　　　　　　　4.「CAN YOU CELEBRATE？」

歌手名　　1.ジャッキー吉川とブルーコメッツ　　2.沢田研二

　　　　　3.近藤真彦　　　　　　　　　　　4.安室奈美恵

第15回　氏名：

Q 以下の強弱・演奏上の記号はどういう意味か選んで下さい。

[1] ♩> （accent:アクセント）　　　　　　　　　（　　）

[2] dim.(diminuendo(dimin.):ディミヌエンド)　（　　）

[3] ＜　（crescendo(cresc.):クレッシェンド）　　（　　）

[4] ＞　（decrescendo(decresc.):デクレッシェンド）（　　）

[5] 𝄐 （フェルマータ）　　　　　　　　　　　　（　　）

　　　※（　　）内は読み方

<選択肢>

①特にその音を強く	②だんだん強く
③だんだん弱く	④次第に弱く
⑤その音符（休符）をほどよく延ばして	

Q 以下は３つのヒントで人名(グループ名)を当てる問題です。

1つ目のヒント

［6］　大阪出身で東京都渋谷区にあるお好み焼き店をプロデュース

解答欄(　　　　　　　　　　　)

［7］　オーディション番組スター誕生！の１９７５年決戦大会で
合格しオファーしたプロダクションは男性史上最多の１７社

解答欄(　　　　　　　　　　　)

［8］　過去、額にホクロあり

解答欄(　　　　　　　　　　　)

［9］　NHK 紅白歌合戦には通算２６回出場し派手な衣装対決は大
晦日の風物詩であった（２０２４年８月現在）

解答欄(　　　　　　　　　　　)

2つ目のヒント

［6］　NHK 紅白歌合戦に通算２４回出場し、曲名「ふたり酒」を３回披

露。うち1回紅組トリを務める（2024年8月現在）

解答欄(　　　　　　　　　　　　　　)

［7］　岩手県出身で左官業で働いたことがある

解答欄(　　　　　　　　　　　　　　)

［8］　元妻は外国人タレントだったジョーン・シェパード

解答欄(　　　　　　　　　　　　　　)

［9］　バラエティ番組でたびたび発する「おだまり！」が流行語になり、
　　　タレントとしての地位を確立

解答欄(　　　　　　　　　　　　　　)

3つ目のヒント

［6］　NHK 紅白歌合戦で曲名「二輪草」を5回披露

（2024年8月現在）

解答欄(　　　　　　　　　　　　　　)

［7］　代表曲に「嫁に来ないか」がある

解答欄(　　　　　　　　　　　　　　)

[8] 大ヒット曲「北国の春」を持ち、テレビで披露する際はよれよれのレインコートと古びた中折れ帽, 丸縁の眼鏡, 長靴, 手ぬぐいを着用し、くたびれたトランクをさげるという奇抜なスタイルで歌唱していた

解答欄(　　　　　　　　　　)

[9] ヒット曲「さそり座の女」を持つ

解答欄(　　　　　　　　　　)

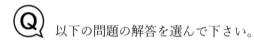以下の問題の解答を選んで下さい。

[10] 赤と青のバイカラーが特徴的なカスタネット、何故「赤」と「青」なのか？

1. 赤と青で太陽と青空を表現しているから
2. その方がデザイン的に可愛かったから
3. 男女兼用にするため
4. 目立つ配色にして楽器として存在感を持たせるため

[11] ベートーヴェンのお父さんの職業は？

1. 鍛冶屋　　2. 建築家　　3. テノール歌手　　4. 教師

[１２]　オーケストラのコンサート中に弦が切れたらどうする？

1.舞台裏で取り換える

2.そのまま弾く

3.専門家が席に来て直してくれる

4.退場し、その演奏家は出られなくなる

[１３]　世界共通の音名は何語で表せる？

1.ドイツ　　2.イタリア　　3.ベルギー　　4.中国

[１４]　楽器の内部に溜まった水分を拭き取るためのアイテムを
　　　　なんと呼ぶ？

1.スワブ　　2.ガーゼ　　3.クロス　　4.ティッシュ

第16回　氏名：

 以下の楽譜の音楽の流れはどうなっているか番号を並べて下さい。

※例えば

答え　（　①　→　②　→　③　→　④　）

[1]

答え　（　　　　　　　　　　　　　　　　　　　）

[2]

答え　（　　　　　　　　　　　　　　　　　　　）

[3]

答え（　　　　　　　　　　　　　　　　）

[4]

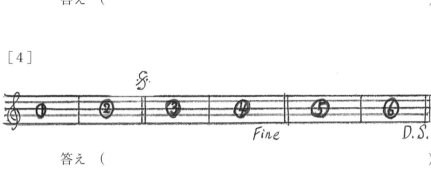

答え（　　　　　　　　　　　　　　　　）

[5]

答え（　　　　　　　　　　　　　　　　）

Q 以下は歌詞に名前が出てくる曲です。( )内に入る名前を下記の選択肢の中から選んで下さい。

＜選択肢＞

1.順子　2.ジュリア　3.アリス　4.ナンシー　5.エリー　6.ローラ
7.お七　8.ヒロシ　9.ヨーコ　10.安奈　11.メリーアン　12.Mary Jane
13.与作　14.マリリン　15.夕子　16.SACHIKO

［6］　（　①　）が紅をひきたい日暮れ　あなたはわかってくれるでしょうか
　　　　思い思われ思いがつづき　思われ星が消えました

解答欄①　（　　　　　　　　　　　　　）

［7］　俺にしてみりゃ　これで最後のlady　（　②　）my love so sweet

解答欄②　（　　　　　　　　　　　　　）

［8］　お前が好きだと　耳元で言った　そんな(　③　)にだまされ
　　　　渚にたたずむ

解答欄③　（　　　　　　　　　　　　　）

［9］　（　④　）君は何故に　（　④　）心を閉じて　（　④　）
　　　　僕の前で　そんなにふるえる

解答欄④　（　　　　　　　　　　　　　）

［１０］　（　⑤　）　思い通りに　（　⑤　）　生きてごらん　それが悲しい恋でもいい　笑い方も忘れた時は　思い出すまで　そばにいるよ

解答欄⑤　（　　　　　　　　　　　）

［１１］　（　⑥　）　君の名を呼べば僕はせつないよ　やさしさはいつも僕の前でカラカラから回り　（　⑥　）　君の名を呼べば僕はかなしいよ　だから心のドアをノックしないで

解答欄⑥　（　　　　　　　　　　　）

［１２］　（　⑦　）on my mind　I cry my eyes　out over you　Long long and lonely nights　Ever since you're gone

解答欄⑦　（　　　　　　　　　　　）

［１３］　（　⑧　）　クリスマス・キャンドルの灯は　　ゆれているかい（　⑧　）　おまえの愛の灯は　まだ燃えているかい

解答欄⑧　（　　　　　　　　　　　）

［１４］　Oh My（　⑨　）　憶えてるかい　　俺たちみてた夢…帰ろうぜあの街角へ　Heartbreak oh my my my my（　⑨　）

解答欄⑨　（　　　　　　　　　　　）

［15］　…アンタ　あの娘の何んなのさ　＜港の(　⑩　)・ヨコハマ・ヨコスカ＞

解答欄⑩　(　　　　　　　　　　)

［16］　(　⑪　)は木をきる　ヘイヘイホー　ヘイヘイホー　こだまはかえるよ　ヘイヘイホー　ヘイヘイホー

解答欄⑪　(　　　　　　　　　　)

［17］　さくら　さくら　はなふぶき　燃えて燃やした肌より白い花浴びてわたしは　夜桜(　⑫　)

解答欄⑫　(　　　　　　　　　　)

［18］　(　⑬　)　(　⑬　)　(　⑬　)　Won't You Stay For Me

解答欄⑬　(　　　　　　　　　　)

［19］　Woo Fairy Girl　あなたを追いかけ　空を飛ぶけど　上手く飛べない　Woo Fairy Girl　私はちょっぴり　不機嫌 時間の国の(　⑭　)

解答欄⑭　(　　　　　　　　　　)

［20］　(　⑮　)　長い髪をほどいて　(　⑮　)　シネマスタア気取るわ　いつもよりもセクシーなポーズで　じれたあなたのそのハート釘づけ

解答欄⑮　(　　　　　　　　　　)

［２１］　If you love me　夏色の恋人　If you love me　夏色の（　⑯　）

去年とは　くちびるが　違ってる…

解答欄⑯　（　　　　　　　　　　　）

| 第１７回 | 氏名：

Q 以下のアーティストに関する問題に答えて下さい。

［１］　自分の干支と同じアーティストを挙げてみよう

解答欄（　　　　　　　　　　　）

［２］　アーティストを２人挙げ誕生年の差をとってみよう

アーティスト名（　　　　　　　　）と（　　　　　　　　）

０〜１０差	…	０点
１０〜２０差	…	１点
２０〜３０差	…	０点
３０〜４０差	…	⊖１点
４０〜５０差	…	２点
６０以上差	…	０点

［３］　2025年に還暦を迎えるアーティストを挙げてみよう

解答欄（　　　　　　　　　　　）

［４］　芸名に『ひろし』がつくアーティストを挙げてみよう

解答欄(　　　　　　　　　　　)

［５］　教員免許を持っているアーティスト名の空欄を埋めよう。
　　　　また教科は何か選択肢の中から選ぼう。

① (　　　　)みゆき　…　「時代」　　　　　教科(　　　　　)

② (　　　　)洋　…　『鎌倉殿の13 人』　　教科(　　　　　)

③ (　　　　)浩志　…　B'z　　　　　　　　教科(　　　　　)

④ (　　　　)嵐士　…　T-BOLAN　　　　　教科(　　　　　)

⑤ (　　　　)康平　…　HOUND DOG　　　教科(　　　　　)

＜選択肢＞

1.数学　2.化学　3.国語　4.社会　5.地理歴史

以下は3つのヒントで曲名を当てる問題です。

今回は<u>食べ物の名前を羅列する歌詞</u>で構成されている曲の特集です。
また前のように選択肢の中から選ぶ形式になっています。

＜選択肢＞

1. おさかな天国　　2. 買い物ブギー　　3. ヨーデル食べ放題
4. 夜祭音頭　　5. スシ食いねェ！

1つ目のヒント

［6］　歌詞が全て大阪弁

　　　　　　　　　　　　　　解答欄（　　　　　　　　　　）

［7］　第36回NHK 紅白歌合戦 歌唱楽曲

　　　　　　　　　　　　　　解答欄（　　　　　　　　　　）

［8］　メンバー全員による共作で生まれた

　　　　　　　　　　　　　　解答欄（　　　　　　　　　　）

［9］　子供向け楽曲

　　　　　　　　　　　　　　解答欄（　　　　　　　　　　）

［10］　映画『ウォーターボーイズ』の中で歌われている

　　　　　　　　　　　　　　解答欄（　　　　　　　　　　）

2つ目のヒント

[6]　　1975年 8月 5日にダウン・タウン・ブギウギ・バンドがこ
の曲のアンサーソングを発売

解答欄(　　　　　　　　　　　)

[7]　　NHK「みんなのうた」において放映され大きな反響があった

解答欄(　　　　　　　　　　　)

[8]　　この曲を歌うバンドは男性2人で女性2人である

（2024年8月6日現在）

解答欄(　　　　　　　　　　　)

[9]　　全国漁業協同組合連合会中央シーフードセンターのキャンペーン
ソング

解答欄(　　　　　　　　　　　)

[10]　　1996年に発売されたミニアルバム「やぐら行進曲」に収録
された1曲

解答欄(　　　　　　　　　　　)

3つ目のヒント

［6］　作詞・作曲　服部良一

解答欄（　　　　　　　　　　　　）

［7］　メンバーの1人が「ラップなら音程外す俺にも歌えるし日本人でま
　　　だ誰も歌ってない！」という理由での挑戦だと述べている

解答欄（　　　　　　　　　　　　）

［8］　2024年5月21日に配信され、ディスコグラフィの絵に提灯
　　　が入っておりそこに曲名が書かれている

解答欄（　　　　　　　　　　　　）

［9］　31種類の魚の名が盛り込まれている

解答欄（　　　　　　　　　　　　）

［10］　桂枝雀、桂雀々、桂雀喜、桂あさ吉が声(間奏のコント)で参加

解答欄（　　　　　　　　　　　　）

以下は( )に答えを書いて下さい。

[１１] フジテレビ月９シリーズで浅野温子と武田鉄矢のダブル主演で放送された『１０１回目のプロポーズ』のオープニングで使われた曲は誰の何という曲？
平均視聴率 23.6％、最終回では 36.7％。
「僕は死にましぇん」という新語・流行語大賞を生み出した。
歌手名(グループ名)(　　　　　　　　　)　　曲名(　　　　　　　　　)

[１２] TBSで放送された明石家さんまと大竹しのぶ(私生活でも結婚に至った)を引き合わせたトレンディドラマの元祖『男女７人夏物語』のオープニングで使われた曲は誰の何という曲？
続編は『男女７人秋物語』。
歌手名(グループ名)(　　　　　　　　　)　　曲名(　　　　　　　　　)

[１３] フジテレビ月９シリーズで主演は鈴木保奈美と三上博史で放送された『この世の果て』の主題歌として使われた曲は誰の何という曲？
全ての回で20％以上の視聴率。
歌手名(グループ名)(　　　　　　　　　)　　曲名(　　　　　　　　　)

［14］　フジテレビ月9シリーズで脚本 野島伸司,主演 江口洋介で放送された『ひとつ屋根の下』のオープニングで使われた曲は誰の何という曲？パート1の第 11 話で記録した視聴率 37.8%は1990 年代の全民放ドラマの最高視聴率。

＊江口洋介⇒達也(あんちゃん)

パート1→口癖『そこに愛はあるのかい？』

パート2→口癖『心にダムはあるのかい？』

好物…プリン

＊福山雅治⇒雅也(チイ兄ちゃん)

＊酒井法子⇒小雪

パート2で白血病を発症し一時生死の境を彷徨うが復活。その後雅也と結婚。

歌手名(グループ名)(　　　　　　　　　　)　　曲名(　　　　　　　　　)

〜ひとつ屋根の下より〜

第18回	氏名：

Q 以下の空白に入る言葉を選択肢の中から選んで下さい。

［1］ (①)形式 ⇒ 《 ⑥ 》部・《 ⑦ 》部・《 ⑧ 》部・《 ⑨ 》(終結部)
　　　　　↓　　　　↓
　　三部形式の一種　　第1主題・第2主題

［2］ (②)形式

　　　　＊小(②)形式　⇒　A　B　A　C　A

　　　　＊大(②)形式　⇒　A　B　A　C　A　B　A

　　ここで　A…主題　B…エピソード.1　C…エピソード.2

［3］ (③)形式

多楽章曲中の2つ以上の楽章で共通の主題 旋律 或いはその他の主題的要素
を登場させることにより楽曲全体の統一を図る手法

［4］ (④)

1つのメロディを複数のパートが追いかけるように演奏していく演奏様式
の事

75

［5］ （　⑤　）

第1声部 ♪ （　⑩　）━━━━━━━━━━━━━━━━━━━━━━

第2声部　　　♪ （　⑪　）━━━━━━━━━━━━━━━━━━━

第3声部　　　　　　♪ （　⑩　）━━━━━━━━━━━━━━

第4声部　　　　　　　　　♪ （　⑪　）━━━━━━━━━

＜①～⑤の選択肢＞

1.カノン　　2.ロンド　　3.フーガ　　4.循環　　5.ソナタ

＜⑥～⑨の選択肢＞

1.展開　　2.提示　　3.コーダ　　4.再現

＜⑩，⑪の選択肢＞

1.応答　　2.主題

解答欄

①(　　　　), ②(　　　　), ③(　　　　), ④ (　　　　), ⑤(　　　　),

⑥(　　　　) , ⑦(　　　　), ⑧(　　　　), ⑨(　　　　), ⑩(　　　　),

⑪(　　　)

今回の①~③形式、④,⑤の例を以下の選択肢の中から選んで下さい。

＜選択肢＞

1.ドヴォルザーク「交響曲 第9番≪新世界より≫」
2.「かえるの歌」
3.ベートーヴェン「交響曲 第5番 運命」
4.ジョン ウィリアムズ『ジョーズ』のテーマ
5.メンデルスゾーン「夏の夜の夢」より「結婚行進曲」

[6]　①形式 ⇒ (　　), ②形式 ⇒ (　　), ③形式 ⇒ (　　)
　　　④ ⇒ (　　) , ⑤ ⇒ (　　)

 以下の問題の解答を選んで下さい。

[7]　次の作曲家のうち、推定で生涯残した曲数が一番多い人は誰？

1.バッハ　2.ヴィヴァルディ　3.ベートーヴェン　4.シューベルト

［８］　次にあげる曲は［７］の４人のどの作曲家が作ったもの
　　　　か？　それぞれ［７］の番号で答えること。

① 「四季」…（　　　　）　　　　② 「魔王」…（　　　　）

③ 「マタイ受難曲」…（　　　　）　　④ 「第九」…（　　　　）

［９］　上の４曲のうち通常の演奏時間が最も長いものと最も短
　　　　いものを選びなさい

　最も長いもの(約３時間)…（　　　　）

　最も短いもの(約５分)　…（　　　　）

［１０］　ベートーヴェンの時代は日本では何時代にあたるか？

　１.鎌倉時代　２.室町時代　３.江戸時代　４.明治時代

［１１］　次のうち一番長寿の大作曲家は誰か？

　１.リスト　２.シベリウス　３.サンサーンス　４.ハイドン

［１２］　それはいくつか？

　１.72歳　2.82歳　3.88歳　4.92歳

［１３］　次のうち木管楽器はどれか？

　１.トランペット　２.ホルン　３.サックス　４.トロンボーン

第19回　氏名：

Q 以下は今までで<u>テレビで流れたCM曲</u>です。それらの曲に関する問題に対する解答を、選択肢の中から選ぶか、書いて下さい(回数を書く問題もありますが、それは紙に書いてある言葉も1回と数えて下さい)。

［1］　サントリー成人の日『大人じゃん・05　娘』篇／『大人じゃん・05　父』篇　　「何度でも」　DREAMS COME TRUE

こみ上げてくる（　①　）を何回拭いたら　伝えたい（　②　）届くだろう？

誰かや何かに（　③　）も出口はないなら

【④何度でも…】立ち上がり呼ぶよ　（　⑤　）の名前（　⑥　）がかれるまで

悔しくて苦しくて　がんばっても　どうしようもない時も　（　⑤　）を思い出すよ（　⑦　）回だめで　へとへとになっても　（　⑧　）回目は何か変わるかもしれない

①	1.思い	2.気持ち	3.涙	4.言葉
②	1.思い	2.気持ち	3.涙	4.言葉
③	1.あたって	2.怒って	3.きずいて	4.思って
④	【】内以外は考えずにこの言葉を何回使っているか？　（　　　　）			
⑤	1.僕	2.俺	3.きみ	4.やつ
⑥	1.声	2.涙	3.のど	4.思い
⑦	1.10	2.100	3.1000	4.10000
⑧	1.11	2.101	3.1001	4.10001

[2]　「積水ハウスの歌 50 周年バージョン」　村上ゆき

一日(ひとひ)を(①)　待つ　ひと　(②)　季節の描く道 胸に灯る(③)　あの(④)に　あの(②)に　こころは帰る mmmm mmm　積水ハウス

①	1.すごせば	2.終われば	3.終えれば	4.すごさば
②	1.きみ	2.あかり	3.家	4.食事
③	1.あかり	2.ひかり	3.気持ち	4.笑顔
④	1.道	2.やさしさ	3.胸	4.街

[3]　1993 年 大塚製薬『ポカリスエット』
　　　「揺れる想い」　ZARD

揺れる想い体じゅう感じて　このまま(①)そばにいたい
(②)澄んだ　あの空のような　(③)歩き続けたい　in your dream

①	1.ちょっと	2.そっと	3.ずっと	4.少し
②	1.青く	2.赤く	3.暗く	4.白く
③	1.彼と	2.夢と	3.恋で	4.君と

［4］　日本航空　　「夢想花」　円広志

（　①　）しまいたいことが　今の私には多すぎる　私の記憶の中には

（　②　）顔は遠い昔　いつの日にか　あなたがくれた　（　③　）がノートに

ありました　そして私は（　④　）になり　夢の中へ　とんで　ゆくわ

【⑤とんで…】　【⑥まわって…】　まわる

① 　1.試して　　　2.忘れて　　　3.話して　　　4.覚えて

② 　1.泣いた　　　2.笑い　　　3.うれし　　　4.うれい

③ 　1.野の花　　　2.四つ葉　　　3.菜の花　　　4.タンポポ

④ 　1.鳥　　　2.ハチ　　　3.セミ　　　4.蝶

⑤ 　【　】内以外は考えずに　この言葉を何回使っているか？　（　　　　）

⑥ 　【　】内以外は考えずに　この言葉を何回使っているか？　（　　　　）

　　　※この曲「夢想花」の読み方は？　　　　　　　　　　　　（　　　　）

［5］　セイコー　　　　「WAKE UP」　財津和夫

【①Wake Up…】　今　愛がつきぬける

涙をふいたら行きなさい　あなたが（　②　）　家をうしろに　白い吐息

はずませて通ってた　学び舎への（　③　）　今日は嫁ぐ（　③　）

落とせない荷物は　あなたの（　④　）　そして微笑んだあの人の写真

① 　【　】内以外は考えずにこの言葉を何回使っているか？　　（　　　　）

② 　1.育った　　　2.築いた　　　3.暮らした　　　4.生まれた

③　ここに入る言葉は何か？　　　　　　（　　　　　）

④　1.心　　2.言葉　　3.素顔　　4.ハート

［6］　1984年　JAL沖縄キャンペーン
「ふたりの愛ランド」　石川優子とチャゲ

瞳にはパッション（　①　）　めぐり逢う　その瞬間に　きっと生まれか

われる　（　②　）（　②　）夏泥棒

【③なつ…】ココ　夏　【④あい…】ランドふたり夢をかなえてる

①　ここに入る色は何か？　　　　　　　　　　　　　（　　　　　）

②　ここには夏ならではのある言葉が入るが、それは何か？（　　　　　）

③　ここにはこの言葉の漢字かカタカナかいずれかが入っている。

　　【　　】内以外は考えずにこの言葉を何回使っているか？

　　　　　　　　　　　　漢字(　　　　　)，カタカナ(　　　　　)

④　ここにはこの言葉の漢字かカタカナかいずれかが入っている

　　【　　】内以外は考えずにこの言葉を何回使っているか？

　　　　　　　　　　　　漢字(　　　　　)，カタカナ(　　　　　)

［7］　アサヒ『三ツ矢サイダー』　　　「大スキ！」　広末涼子

【①とっても…】大スキよ　ダーリン　I like you. ダーリン　いい　いい

（　②　）回目のドライブ　Doki Doki　しちゃう　広がる青い空　最高だね

あなたといると楽しい（　③　）つに並ぶ缶ジュース　なんかもう　嬉しす

ぎて　ホッペにチュッてしたくなる　だけど今は（　④　）（　⑤　）を見

つめていよう

【⑥とっても…】大スキよ　ダーリン　I like you.　ダーリン　いい

【⑦あ・い・…】し・て・る　ダーリン　I（　⑧　）you. ダーリン　いい　い

い

①	【】内以外は考えずにこの言葉を何回使っているか？	（	）
②	（　　　）内に入る数字は何か？	（	）
③	（　　　）内に入る数字は何か？	（	）
④	1.考え中　　　2.行動中　　　　3.運転中　　　　4.話し中		
⑤	1.外の景色　　2.窓の外　　　　3.カーナビ　　　4.横顔		
⑥	【】内以外は考えずにこの言葉を何回使っているか？	（	）
⑦	【】内以外は考えずにこの言葉を何回使っているか？	（	）
⑧	ここに入る英単語は何か？	（	）

83

第20回　氏名：

Q 今回は、あみだを使って歌手名（グループ名）とその人の持ち歌を結びつける問題です。注目点として曲名にすべて"好き"が含まれています。下記は使用するあみだです。

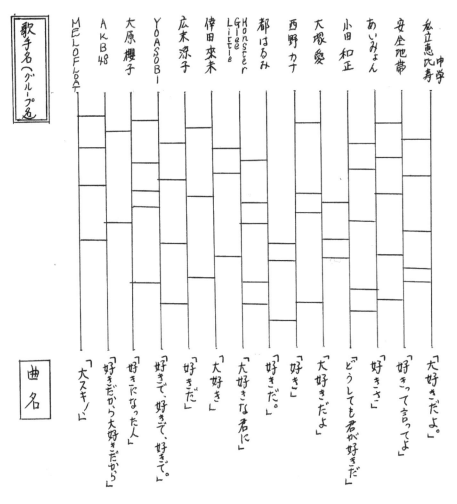

注）あみだの上の歌手名（グループ名）とあみだの下の曲名は全て対応づけられています

輪になって下さい。

まずジャンケンをします。そして負けた人が解答権を持ちます。そして以下のようにゲームを進めていって下さい。

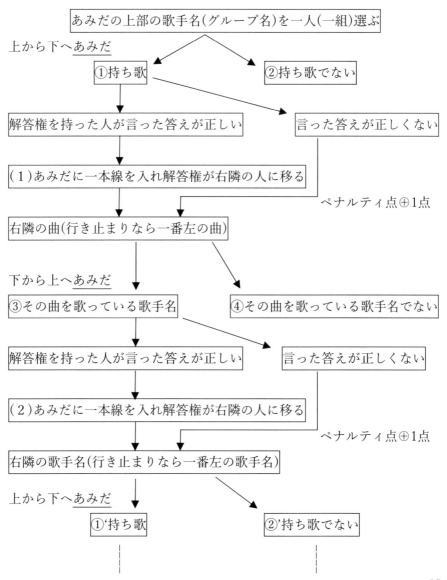

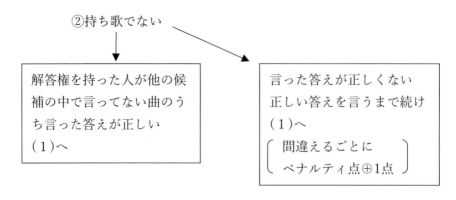

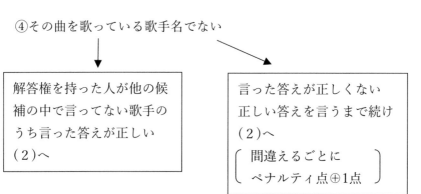

注)

1．前に出てきた歌手名(グループ名)や曲名であってもそのまま続けて下さい。

2．歌手名(グループ名)と曲名が全て結びついたところで終了して下さい。

3．制限時間を設けて最後まで到達しない場合でも終了して下さい。

そして<u>ペナルティ点の一番少ない人が勝ち</u>となります。

『すなわち、解答権を持った人が間違った答えを言うとペナルティ点が1点ずつ加えられ、正答が出るまで答え続けてもらい、正答が出たらあみだに1本線を引いてもらい隣の人に解答権が移り右隣の項目に移るという、それの繰り返しです。そして終了した時点でペナルティ点の一番少ない人が勝ちとなるということです（ただし、あみだを行い正しい対応で正答でなかった場合は、あみだに1本線を引いたり、隣の人に解答権が移ったりせず、右隣の項目に移ります）。』

さあそれではやってみましょう！

第21回　　氏名：

　下記のアーティスト名の読み方を選択肢の中から選んで下さい。

[1]　milet　（シンガーソングライター）

1.ミレイ　2.ミレット　3.ミレ　4.ミル

[2]　DECO*27　（日本のボカロP）

1.デコニーナ　2.デコニナナ　3.デコニナ　4.デコニジョウナナ

[3]　宮本浩次　（ロックバンド〈エレファントカシマシ〉ボーカル）

1.みやもと　こうつぐ　2.みやもと　ひろじ
3.みやもと　こうじ　4.みやもと　ひろつぐ

[4]　Aimer　（日本の女性歌手）

1.アイメ　2.エメ　3.エイマー　4.アイマー

[5]　Six TONES　（日本の男性アイドルグループ）

1.ストーンズ　2.シトーンズ
3.シックストーンズ　4.シックスストーンズ

[6] 四星球 （日本のコミックバンド）

1.よつほしだま　2.うーしんちゅう　3.しせいきゅう

4.すーしんちゅう

[7] Cody・Lee(李) （日本のツインボーカルロックバンド）

1.コディリーリ　2.コーディリー　3.コーディリーリ　4.コディリー

[8] IZ*ONE （日韓合同女性アイドルグループ）

1.イズワン　2.アイズワン　3.アイゼットワン　4.アイズィーワン

[9] 4s4ki （日本の女性ラップ・シンガーソングライター）

1.シスシキ　2.アスシキ　3.フォーエスアキ　4.アサキ

[10] 蜆上？邨ゅo 繧 （日本のボカロP）

1.もじばけ　2.にゅうどうぐも　3.なつのおわり　4.なにゆうの

・ボカロP…VOCALOID(ボーカロイド)，CTAU，CeVIO(チェビオ)など
の音声合成ソフトで、楽曲(ボカロ曲)を製作して動画投稿サイトへ投稿する
音楽家

・コミックバンド…音楽の演奏よりも滑稽な仕草や面白おかしい歌詞で聴
衆を楽しませるバンドのこと

・ラップ…メロディをあまり必要とせず似た言葉や語尾が同じ言葉を繰り

返す。韻(ライム)を踏むのが特徴的で口語に近い抑揚をつけて発音する

 下記の問題に答えて下さい。

[１１]　年齢が高くなるにつれ聞こえなくなる音は？
１．高い音　２．低い音　３．高い音と低い音　４．中間の音

[１２]　全国楽器協会が1970年に制定した楽器の日はいつ？
１．11月11日　２．10月10日　３．9月9日　４．6月6日

[１３]　ピアノはどうやって音を出しているか？
１．弦をひっぱって音を出している
２．弦を押し続け音を出している
３．風を吹き込んで音を出している
４．ハンマーで弦を叩いて音を出している

[１４]　ヴァイオリンを弾く弓には、どんな動物の毛が使われているか？
１．鹿の毛　２．馬の毛　３．豚の毛　４．羊の毛

［１５］　ト音記号の役割とは何か？

１．ソの音符の位置を決める　　２．ファの音符の位置を決める

３．ドの音符の位置を決める　　４．曲のテンポを決める

［１６］　ピアノの鍵盤は全部でいくつあるか？

１．76個　　２．88個　　３．69個　　４．42個

［１７］　うち、白鍵はいくつあるか？

１．60個　　２．58個　　３．52個　　４．56個

［１８］　昔のピアノの鍵盤は今とは色の配置が違います。どんな色の配置だったか？

１．すべて白色　　　　　２．すべて黒色

３．白と黒の配置が逆　　４．白と黒の配置が交互

［１９］　カスタネットは、どの国で生まれた楽器か？

１．日本　　　２．ブラジル　　　３．スペイン　　　４．イタリア

［２０］　カスタネットの名前の由来は？

1．栗(カスタニャ)にちなんで

2．スペインの小さな城(カスティーヨ)から

3．音楽をカスタマイズすることから

4．発明者の名前から

※　資料１　　<<p.40,41>>に使用

　歌詞の最初の一部

［１］　胸にしみる　空のかがやき　　今日も遠くながめ　涙をながす

［２］　春を愛する人は　心清き人　すみれの花のような　僕の友だち

［３］　いつまでも絶えることなく　　友達でいよう　　明日の日を夢みて
　　　　希望の道を

［４］　誰かさんが　誰かさんが　　誰かさんが　みつけた

［５］　あなたに逢えてよかった　　あなたには希望の匂いがする
　　　　つまづいて傷ついて泣き叫んでも　　さわやかな希望の匂いがする

［６］　遠ざかる雲を見つめて　　まるで僕たちのようだねと君がつぶやく
　　　　見えない未来を夢みて

［７］　春のうららの隅田川　のぼりくだりの船人が

［８］　ほら足元を見てごらん　これがあなたの歩む道

93

［9］　　広瀬川　流れる岸辺　想い出は帰らず

［10］　　かたい絆に思いをよせて　語り尽くせぬ青春の日々

　　　　　時には傷つき時には喜び　肩をたたきあったあの日

［11］　　子供たちが空に向かい　両手をひろげ

　　　　　鳥や雲や夢までも　つかもうとしている

［12］　　卒業してから　もう3度目の春

　　　　　あいかわらずそばにある同じ笑顔

　　　　　あの頃バイクで飛ばした家までの道

　　　　　今はルーフからの星を見ながら走ってる

［13］　　知らず知らず歩いて来た　細く長いこの道

　　　　　振り返れば遥か遠く　故郷が見える

［14］　　虹の地平を歩み出て　影たちが近づく手をとりあって

　　　　　町ができる美しい町が　あふれる旗　叫び　そして唄

［15］　　忍びあう恋をつつむ夜霧よ　知っているのか二人の仲を

＊参考1

＜コスモス＞

コスモスはメキシコが原産で初心者にも育てやすい草花。五月ごろに種を
まいて育てる。

過湿に弱いものの、日照・風通しのよい場所ならどこでも育つ。

群生させると美しい。切り花にも使えて庭にあると重宝する。

＜サボテン＞

サボテンの花はとても鮮やかな色が多く、長年育てていると突然に開花す
ることがある。

＜マリーゴールド＞

マリーゴールドはメキシコ・中南米原産でキク科の植物。

暑さに強く花期が7～10月と長いので夏に花壇によく使用されている一年
草。

丈夫で種からでも簡単に育てられる。

花色はオレンジ系が中心だが、近年はクリーム色なども流通している。

寄せ植えにも使いやすい。

＜ハナミズキ＞

ハナミズキはミズキ科ミズキ属ヤマボウシ亜属の落葉小高木ないし落葉高

木。

植物学における標準和名アメリカヤマボウシの別名。北米原産で日本へは1912年に

ワシントンD.C.に送ったサクラの返礼として贈られた木として知られている。

庭木や街路樹によく使われる。

＜パンジー＞

パンジーはヨーロッパに自生する野生種から育種された。

秋から春まで長期間咲く品種が多く、園芸店には10月になるとポット苗が並ぶ。

10月下旬から11月になってから購入して植えつけるのがよい。

<u>パンジー</u>と<u>ビオラ</u>の違いは⇒同じ植物の種類だが

<u>パンジー</u>　…　大輪で花弁が丸い

<u>ビオラ</u>　…　小輪で花弁が細長い

＜デイゴ＞

デイゴはマメ科の落葉高木でインド，マレー半島が原産。日本では沖縄で育つ。沖縄を代表する花で耐寒性がない。しかし、近似種のアメリカデイゴは東京近辺でも越冬する。

※THE BOOMの「島唄」の歌詞に出てくる『ウージ』とは『さとうきび』のこと。『ウージの森』とは『さとうきび畑』のこと。

解答集

第1回　　解答　（P3〜P7）

[１]　　後者⇒校舎，中間⇒仲間

[２]　　永い⇒長い，法⇒方，今矢⇒今夜，日⇒火

[３]　　海成り⇒海鳴り，連落船⇒連絡船，鳴いて⇒泣いて

[４]　　標紙⇒表紙，芽⇒目，街⇒町，重影⇒面影

[５]　　①4

[６]　　①4　②3

[７]　　①2

[８]　　①1

[９]　　①4　②4

[１０]　①2　②3

[１１]　①1　②4

[１２]　①3　②4

[１３]　①4　②4

[１４]　①2　②3

第2回　　解答　（P8〜P10）

[１]　　実際の順位　　24位

[２]　　実際の順位　　10位

[３]　　実際の順位　　22位

[４]　　実際の順位　　13位

［５］　　　実際の順位　２３位

［６］　　　実際の順位　１５位

［７］　　　実際の順位　９位

［８］　　　実際の順位　１８位

［９］　　　優里

［１０］　　Official髭男dism

［１１］　　米津玄師

［１２］　　（例えば）　わかれうた，時代，悪女，

アザミ嬢のララバイ，空と君のあいだに

［１３］　　（例えば）　スローモーション，少女A，セカンドラブ，

禁区

［１４］　　（例えば）　生きていたんだよな，

愛を伝えたいだとか，マリーゴールド

第３回　　解答　（P11〜P13）

［１］　　　２

［２］　　　東京大学出身者　⇒　２，３，６，８

京都大学出身者　⇒　１，４，５，７

↓

まえやまだけんいち→ミュージシャン

音楽プロデューサー

作詞家，作曲家，編曲家

　　　　　　　　　　動画投稿者

　　　　　　　　　　歌手やタレントとして活動する際はヒ
　　　　　　　　　　ャダイン名義を用いている

［３］　　　４

［４］　　　３　⇒　他にEXILEも３連覇

　　　　　　　　　　＊細川たかし、中森明菜　　は連覇まで

［５］　　　４　⇒　第46回2004年レコード大賞では「Sign」で受賞

［６］　　　１　⇒　４曲とも最優秀新人賞の曲

　　　　　　　　　　＊第１回と第３回は該当者なし

［７］　　　２　⇒　曲名…「夜空」，「長良川艶歌」

［８］　　　４

［９］　　　２　⇒　他には…森高千里，島津亜矢，水前寺清子 etc.

［１０］　　３　⇒　民謡…三橋美智也、浪曲…二葉百合子に教わる

［１１］　　①スピッツ

［１２］　　４　⇒　１枚目…1976年「霧のわかれ」

　　　　　　　　　　２枚目…1977年「津軽海峡冬景色」

　　　　　　　　　　３枚目…1978年「沈丁花」

［１３］　　３　⇒　ハワイ語で「跳ねる(lele) ノミ ('uku)」とい
　　　　　　　　　　う意味

［１４］　　１　⇒　大地讃頌は1962年に書かれた「土の歌」という
　　　　　　　　　　カンタータ

　　　　　　　　　　＊カンタータ…単声または多声のための
　　　　　　　　　　器楽伴奏付の声楽作品をいう

第4回　　解答例　（P14）

- 「ドナドナ」
- 「青い珊瑚礁」
- 「北の宿から」
- 「あんたのバラード」
- 「高校三年生」
- 「ラジオ体操の歌」
- 「リンゴの唄」
- 「もみじ」
- 「戦え！仮面ライダーＶ３」
- 「雨」（三善英史）
- 「世界は二人のために」
- 「恋する夏の日」
- 「あめふり」
- 「やさしい悪魔」
- 「ロマンス」
- 「かもめはかもめ」
- 「I LOVE YOU」
- 「てんとう虫のサンバ」
- 「22才の別れ」
- 「空に太陽がある限り」
- 「ダンシングオールナイト」

- 「365日の紙飛行機」
- 「アルプス一万尺」
- 「あの鐘を鳴らすのはあなた」
- 「オバケのＱ太郎」
- 「アカシアの雨がやむとき」
- 「森のくまさん」
- 「フニクリフニクラ」
- 「仰げば尊し」
- 「岬めぐり」
- 「仮面ライダーのうた」
- 「神田川」
- 「青い果実」
- 「虫の声」
- 「赤とんぼの唄」
- 「渚のシンドバッド」
- 「アイアイ」
- 「会いたかった」
- 「［es］〜Theme of es〜」
- 「愛のメモリー」
- 「思秋期」
- 「夜空」

第5回　解答　（P15〜P17）

[1]　　早稲田大学出身者　⇒　2，4，7，8

　　　　慶応義塾大学出身者　⇒　1，3，5，6

[2]　　1

[3]　　2

[4]　　2　⇒　DAMとはDaiichikosho Amusement Multimediaの略

　　　　　　　＊Amusement…楽しみ、娯楽、遊び、気晴らしのこと

　　　　　　　＊Multimedia…複数の種類の情報をひとまとめにして扱う

　　　　　　　　　　　　　　メディアのことで、一般的には映像(動画)

　　　　　　　　　　　　　　や音楽など動的コンテンツ(内容)を含む

　　　　　　　　　　　　　　イメージで捉えられることが多い

[5]　　1　⇒　セレナーデ…小夜曲(さよきょく，しょうやきょく)

　　　　　　　ラプソディ…自由奔放な形式で民族的または叙事的な内

　　　　　　　　　　　　　容を表現した楽曲

　　　　　　　＊叙事的→事実や事件を、ありのままに述べ記すこと

　　　　　　　　また、その述べ記したもの

　　　　　　　セレブレイト…祝う・祝賀するという意味を持つ英単語

　　　　　　　サイコビリー…1980年代にロカビリーから派生した音楽

　　　　　　　のジャンル

[6]　　3　⇒　初めて見た方はハプニングが起きた！と驚くこと間違い

　　　　　　　なし。でも実はきちんと楽譜で指示されている演奏の一

　　　　　　　部。ちなみに 1 もカーゲルの「フィナーレ」という曲

の楽譜に書かれている。

［７］　　　３

［８］　　　１　⇒　「メヌエット」　　　→　滝廉太郎

　　　　　　　　　　「エリーゼのために」　→　ベートーヴェン

　　　　　　　　　　「きらきら星」　　　　→　モーツァルト

　　　　　　　　　　「野ばら」　　　　　　→　ウェルナー，シューベルト

［９］　　　１

［１０］　　３

［１１］　　４　　　＊米津玄師…2008年発表の「Lemon」は史上初となるダ

　　　　　　　　　　　ウンロード300万セールス越えを記録し、2年連続で

　　　　　　　　　　　Billboard Japan Hot 100　年間チャート首位を記録。

　　　　　　　　　　　ミュージックビデオの再生回数は8億回を超え邦楽最

　　　　　　　　　　　多となっており自身最大のヒット曲及び2010年代の

　　　　　　　　　　　邦楽を代表する曲となった

［１２］　　３

［１３］　　１　⇒　歌詞が猫の鳴き声をくり返すだけであるためにこの名が

　　　　　　　　　ついたそうです

［１４］　　１

［１５］　　４

第6回　　解答　（P18～P21）

[1]　　①2　②4　　　　　　　　　[2]　　①3　②1

[3]　　①3　②2　　　　　　　　　[4]　　①3

[5]　　2　　　　　　　　　　　　　[6]　　4

[7]　　1　　　　　　　　　　　　　[8]　　1

[9]　　①　（例えば）　島津亜矢

[10]　　②　（例えば）　小林幸子，小泉今日子，近藤真彦，伍代夏子，

小坂明子，ゴダイゴ，小柳ルミ子，今陽子，小嶋真子，

近藤夏子

＊小嶋真子…AKB48の元メンバー

＊近藤夏子…シンガーソングライター

[11]　　③　（例えば）　わたしの彼は左きき，別れの一本杉

[12]　　④　（例えば）　憎みきれないろくでなし，虹

[13]　　⑤　（例えば）　坂本冬美，モト冬樹　…　"ふゆ"の名前が入っ

た歌手を

第7回　　解答　（P22～P25）

[1]　　「上を向いて歩こう」　　　[2]　　「リンゴの唄」

[3]　　「津軽海峡冬景色」　　　　[4]　　「まつり」

[5]　　「川の流れのように」

[6]　　2分音符　　　　　　　　　[7]　　4分休符

［８］　　全休符　　　　　　　　　［９］　　２分休符

［１０］　　８分休符　　　　　　　［１１］　　♩.

［１２］　　♩.　　　　　　　　　　［１３］　　𝅝

音符に【・(付点)】がつくと元の音符の長さの1.5倍になる

※【全音符】は小学校では《４分音符の４倍の長さを持つ音符》と教えてます。

４分の３拍子は１小節《４分音符３個分》ですので【全音符】は使いません。

１小節のばす時は【付点２分音符】を使います。但し【全休符】は《１小節休み》

の意味が有効ですので４分の３拍子でも使用します

［１４］　　④　　　　　　　　　　［１５］　　②

［１６］　　⑤　　　　　　　　　　［１７］　　①

［１８］　　③

第８回　　解答　　(P26～P30)

［１］　　①　　　　　　　　　　　［２］　　②

［３］　　⑤　　　　　　　　　　　［４］　　③

［５］　　④

［６］　　坂本冬美　　　　　　　　［７］　　伍代夏子

［８］　　藤あや子　　　　　　　　［９］　　香西かおり

［１０］　　１，３，４　　　　　　［１１］　　２，３，４

［１２］　　１，２，４　　　　　　［１３］　　１，２，３

105

［１４］　　１，２，４　　　　　　　［１５］　　１

［１６］　　３　⇒　「黒猫のタンゴ」が発売されるとオリコンで14週連続
１位を記録。シングルセールスは公称260万枚(資料によっては230万枚)の
大ヒットとなった(1969年の年間　第５位・1970年の年間　第１位)。

［１７］　　３　⇒　曲の途中に「猫ふんじゃった」が入っている

第９回　　解答　(P31～P35)

［１］　　１，３，４　　　　　　　［２］　　２，３，４
［３］　　１，２，４　　　　　　　［４］　　１，３，４
［５］　　③
［６］　　②　　　　　　　　　　　［７］　　⑤
［８］　　①　　　　　　　　　　　［９］　　④

＊ラレンタンドは疲れて眠くなったように遅くなる(もしくは遅くなってしまう)の
に対しリタルダンドは能動的に遅らせる、もしくは遅らせることを指していた。
※能動的…自分の方から進んで他に働きかける。
meno　→　より少なく、mosso　→　動きのある

［１０］　　①馬鹿,　　①’利口
［１１］　　①生まれる,　①’死ぬ　　　　　②泣く,　　②’笑う
［１２］　　①過去,　　①’未来
［１３］　　①君,　　　①’僕　　　　　　　②女,　　②’男

106

［１４］　①あなた，　①'わたし

［１５］　①父，　　①'母

［１６］　①左，　　①'右

［１７］　①勝，　　①'負

［１８］　①西，　　①'東

※対義語と反対語の違いは…言葉の意味的には同じ。ただ対義語の方が元にあった
が、字から意味がわかりにくいということから、直感的に意味がわかりやすい反対
語という言葉が生まれたようだ

第１０回　　解答　（P36～P39）

［１］　①　⇒リタルダンドの反対語…目指すゴールにむけて自らの意思でスピードを上げる

［２］　③　⇒　più　→　より多く（menoの反対語），mosso　→　動きのある

［３］　④　　　　　　［４］　②

［５］　3　　　　　　［６］　4

［７］　2

［８］　「また君に恋してる」　　　［９］　「愛燦燦」

［１０］　「青い山脈」　　　　　［１１］　「いつでも夢を」

［１２］　「見上げてごらん夜の星を」

［１３］　「荒城の月」　　　　　［１４］　「夜空」

［１５］　「世界に一つだけの花」　［１６］　「Believe」

107

第11回　　解答　（P40〜P41）

[１]　「悲しくてやりきれない」

[２]　「四季の歌」

[３]　「今日の日はさようなら」

[４]　「小さい秋みつけた」

[５]　「あの鐘を鳴らすのはあなた」

[６]　「白い雲のように」

[７]　「花」

[８]　「未来へ」

[９]　「青葉城恋唄」

[１０]　「乾杯」

[１１]　「異邦人」

[１２]　「未来予想図Ⅱ」

[１３]　「川の流れのように」

[１４]　「虹と雪のバラード」

[１５]　「夜霧よ今夜も有難う」

第12回　　解答　（P42～P46）

［１］　長山洋子　　　　　　　　　　　［２］　鳥羽一郎

［３］　福田こうへい　　　　　　　　　［４］　前川清

［５］　④　　　　　　　　　　　　　　［６］　③

［７］　②　　　　　　　　　　　　　　［８］　①

［９］　♫♪　　　　　　　　　　　　　［１０］2, 3

［１１］1, 6　　　　　　　　　　　　［１２］存在する

［１３］可能　　　　　　　　　　　　　［１４］G

［１５］ロ短調　　　　　　　　　　　　［１６］1, 3

第13回　　解答　（P47～P50）

［１］　①3　②1　③2　　　　　　　　［２］　①4　②2　③2

［３］　①3　②1　③4　　　　　　　　［４］　①3　②2　③1

［５］　①2　②3　③1　④4　　　　　［６］　①1　②2

［７］　4　　　　　　　　　　　　　　［８］　3

［９］　6　　　　　　　　　　　　　　［１０］5

［１１］1　　　　　　　　　　　　　　［１２］2

［１３］（［6］）⇒7回

　　＊参考1《<p.95, 96>》

第14回　解答　（P51〜P56）

［1］　⑤　　　　　　　　　［2］　⑥　　　　　　　　　［3］　④

［4］　③　⇒　注：「はねるように奏する」のではない

［5］　①　⇒　fz（forzando:フォルツァンド→その音を強く）をさらに強調

［6］　②　⇒　注：「その音だけを弱くする」のではない

＊スラーとレガートの違い　区切りがあるか、ないか

スラー　…弧を描いている範囲の音をなめらかに繋げて弾く

レガート…全ての音をなめらかに繋げて弾く

例）　スラー　…私は、「エリーゼのために」が弾けるようになって、とても
　　　　　　　嬉しい

レガート…私は「エリーゼのために」が弾けるようになってとても嬉しい

［7］　4　　　　　　　　　［8］　2　　　　　　　　　［9］　1

［10］　3　　　　　　　　［11］5　　　　　　　　　［15］　3

［13］　3　　　　　　　　［14］　1　　　　　　　　［15］　1

［16］　3　　　　　　　　［17］　4　　　　　　　　［18］　2

［19］　3　　　　　　　　［20］　2，2

第15回　解答　（P57〜P61）

［1］　①　　　　　　　　　［2］　④　　　　　　　　　［3］　②

［4］　③　　　　　　　　　［5］　⑤

［6］　川中美幸　　　　　　［7］　新沼謙治　　　　　　［8］　千昌夫

［９］　美川憲一

［１０］　３　⇒　小学校で、最初は男の子は青　女の子は赤と決めていた。しかし男女の色分けをした事で在庫の管理が面倒に。効率的に在庫管理をする為に男女兼用化を図り特徴的な赤青カラーになった。因みに青が上に装着するのが正しい使い方だが、どちらが上でも音に違いはない

［１１］　３　⇒　ベートーヴェンのお父さんは酒飲みで怠け者と言われている

［１２］　１　⇒　弦が切れたら舞台裏で予備に取り換えるか張り直して、ステージに戻る

［１３］　１　⇒　古典派後期からロマン派になるにつれ、ドイツ音楽が全盛を迎え、音楽用語のドイツ化が進んだことにより、ドイツ語が世界共通音名となった

［１４］　１　⇒　スワブは効率よく水分が拭き取れるよう布の一端に重りのついた紐がぶらさがっている

第１６回　　解答　（P62〜P67）

［１］　①→②→③→④→③→④　　　　　　　　リピート

［２］　①→②→③→④→①→②→⑤→⑥　　　　１番かっこ，２番かっこ

［３］　①→②→③→④→①→②　　　　D.C.（ダカーポ）…始めから，Fine（フィーネ）…終わり

［４］　①→②→③→④→⑤→⑥→③→④　　　　D.S.（ダルセーニョ）…𝄋（セーニョマーク）から

111

［５］　　　①→②→③→④→①→②→⑤→⑥　𝄌　…次の　𝄌　までとばす，

　　　　　Coda（コーダ）…結び

［６］　　１５　　　森昌子「夕子の四季」

［７］　　５　　　サザンオールスターズ「いとしのエリー」

［８］　　８　　　サザンオールスターズ「そんなヒロシに騙されて」

［９］　　６　　　西城秀樹「傷だらけのローラ」

［１０］　　１６　　　ばんばひろふみ「SACHIKO」

［１１］　　１　　　長渕剛「順子」

［１２］　　１２　　　つのだ☆ひろ「メリージェーン」

［１３］　　１０　　　甲斐よしひろ「安奈」

［１４］　　２　　　チェッカーズ「ジュリアに傷心」

［１５］　　９　　　ダウンタウンブギウギバンド「港のヨーコ・ヨコハマ・ヨ

　　　　　コスカ」

［１６］　　１３　　　北島三郎「与作」

［１７］　　７　　　坂本冬美「夜桜お七」

［１８］　　１１　　　THE　ALFEE「メリーアン」

［１９］　　３　　　松田聖子「時間の国のアリス」

［２０］　　１４　　　本田美奈子「1986年のマリリン」

［２１］　　４　　　早見優「夏色のナンシー」

第17回　解答　（P68～P74）

［1］　（例えば）　辰年 … 吉幾三、中島みゆき, 鳥羽一郎, 薬師丸ひろ子etc.

［2］　（例えば）　森進一は1947年生まれ　と　長山洋子は1968年生まれならば、

　　　　　｜1947－1968｜＝21　なので、20～30差の行を見て0点

［3］　（例えば）　中森明菜, YOSHIKI, 吉川晃司, 奥田民生

［4］　（例えば）　五木ひろし, 角川博, 三山ひろし, 竹島宏

［5］　①　（中島）みゆき, 3　　　　　②　（大泉）洋, 5

　　　③　（稲葉）浩志, 1　　　　　④　（森友）嵐士, 2

　　　⑤　（大友）康平, 4

［6］　2　　　　　　　　［7］　5　　　　　　　　　［8］　4

［9］　1　　　　　　　［10］　3

［11］　CHAGE & ASKA　,　「SAY YES」

［12］　石井明美　　　　　　,　　「CHA－CHA－CHA」

［13］　尾崎豊　　　　　　　,　　「OH MY LITTLE GIRL」

［14］　財津和夫　　　　　,　　「サボテンの花～ひとつ屋根の下より～」

第18回　解答　（P75～P78）

［1］　①　5　　　⑥　2　　　⑦　1　　　⑧　4　　　⑨　3

［2］　②　2

［3］　③　4

［4］　④　1

［5］　⑤　3　　　⑩　2　　　⑪　1

［6］　①形式　3　　②形式　5　　③形式　1　　④　2　　⑤　4

［7］　1

［8］　①　2　　　②　4　　　③　1　　　④　3

［9］　最も長いもの　…　③　　　　　最も短いもの　…　②

［10］　3　　　　　　　［11］　2　　　　　　　［12］　4

［13］　3　⇒　サックスはリードという木の薄片を振動させて
　　　　　　　　発音する

第19回　　解答　（P79〜P83）

［1］　①3　②4　③2　④3回　⑤3　⑥1　⑦4　⑧4

［2］　①2　②3　③1　④4

［3］　①3　②1　③4

［4］　①2　②2　③1　④4　⑤9回　⑥3回　「夢想花」⇒「むそうば
　　　な」

［5］　①4回　②4　③道　④1

［6］　①ブルー　②燃えて　③漢字2回,カタカナ2回
　　　④漢字3回,カタカナ2回

［7］　①6回　②2　③2　④3　⑤4　⑥6回　⑦13回　⑧『love』

114

第２０回　　解答　（P84〜P87）

- MELOFLOAT…「好きだから大好きだから」
- AKB48…「どうしても君が好きだ」
- 大原櫻子…「大好き」
- YOASOBI…「好きだ」
- 広末涼子…「大スキ！」
- 倖田來未…「好きで、好きで、好きで。」
- Little Glee Monster…「好きだ。」
- 都はるみ…「好きになった人」
- 西野カナ…「好き」
- 大塚愛…「大好きだよ。」
- 小田和正…「大好きな君に」
- あいみょん…「好きって言ってよ」
- 安全地帯…「好きさ」
- 私立恵比寿中学…「大好きだよ」

第２１回　解答　（P88〜P92）

〔１〕	1	〔２〕	1	〔３〕	2
〔４〕	2	〔５〕	1	〔６〕	4
〔７〕	2	〔８〕	2	〔９〕	4
〔１０〕	3				
〔１１〕	1	〔１２〕	4		

115

［１３］　４　⇒　ハンマーが弦に当たる力の強さによって<u>音の強さ</u>が変わ
　　　　　　　　　る。また弦の長さや太さによって鳴る<u>音の高さ</u>を調整し
　　　　　　　　　ている。

［１４］　２　⇒　通常、馬のしっぽの毛が使用されている

［１５］　１　⇒　<u>ト音記号の「ト」とは「ソ」の事を指す</u>
　　　　　　　　　ヘ音記号の「ヘ」とは「ファ」の事を指す

［１６］　２

［１７］　３

［１８］　３　⇒　<u>鍵盤の白の部分には象牙，黒の部分にはコクタンという</u>
　　　　　　　　　<u>黒い木材</u>が使われていた。しかし象牙は非常に高価であ
　　　　　　　　　るため白い象牙を節約するためにこのような配置になっ
　　　　　　　　　ていた。現在では、一般的な鍵盤にはプラスチック素材
　　　　　　　　　が使われている。

［１９］　３　⇒　<u>フラメンコを踊る際に使用されたスペイン生まれの楽器</u>

［２０］　１

廣川博之

小学校から現在に至るまで根っからの音楽好き。

今は昭和歌謡が大好き。

グルメでお笑い好き。

性格は真面目で温厚。

クイズ THE 音楽

2025年　4月　1日　　初版発行

著者　　　廣川博之
発行者　　千葉慎也
発行所　　合同会社 AmazingAdventure
　　　　　（東京本社）　東京都中央区日本橋3－2－14
　　　　　　　　　　　　新槇町ビル別館第一　2階
　　　　　（発行所）　　三重県四日市市あかつき台1－2－108
　　　　　　　　　　　　電話　050－3575－2199
　　　　　　　　　　　　E-mail　info@amazing-adventure.net

発売元　　星雲社（共同出版社・流通責任出版社）
　　　　　　　　　　　　〒112-0005 東京都文京区水道1-3-30
　　　　　　　　　　　　電話　03-3868-3275

印刷・製本　シナノ書籍印刷

日本音楽著作権協会（出）許諾　第2409899-401号
※価格は表紙に記載しております。　※本書の無断複写・複製・転載を禁じます。

Ⓒ Hiroyuki Hirokawa 2025 PRINTED IN JAPAN

ISBN978-4-434-35593-6　　C0073